종합부동산세,

알아야 덜 낸다

종합부동산세, 알아야 덜 낸다

2024년 4월 11일 초판 인쇄
2024년 4월 18일 초판 발행

지 은 이 신동영, 이상민
발 행 인 이희태
발 행 처 삼일인포마인
등록번호 1995.6.26.제3-633호
주 소 서울특별시 용산구 한강대로 273 용산빌딩 4층
전 화 02)3489-3100
팩 스 02)3489-3141
가 격 20,000원

ISBN 979-11-6784-260-2 03320

종합부동산세, 알아야 덜 낸다

신동영 · 이상민
지음

SAMIL | 삼일인포마인

서문

시중에 종합부동산세만 다룬 책을 찾기가 어렵다. 이 책은 그 아쉬움에서부터 시작했다.

종합부동산세는 취득 또는 양도와 같은 적극적인 행위에 의해 발생하는 세금이 아니다. 주택이나 토지를 가지고만 있어도 발생하기에, 대다수가 절세 방법을 찾기보다는 부과된 세금을 납부하고 넘어가는 경우가 많다. 하지만, 특례대상인 경우 신고가 가능하고 심지어는 이제 더 납부했던 세금을 돌려받을 수 있는 경정청구의 길이 열렸으니 종합부동산세에 관심을 가져야만 한다. 왜 종합부동산세를 내야 하는지, 얼마나 내야 하는지, 그리고 무엇보다 부과된 세액이 적정한지에 대해 더욱 관심을 기울여야 할 것이다.

'종합부동산세, 알아야 덜 낸다'는 평소 종합부동산세가 궁금했던 일반인, 종합부동산세를 계산하고 싶던 부동산 투자자, 실무에서 종합부동산세를 다룰 기회가 없던 세무사를 비롯해 누구나 편하게 종합부동산세에 접근할 수 있도록 하는 데 집중하였다. 또한, 풍부한 계산사례를 제공하여 복잡한 세법을 쉽게 전달하고자 하였다.

책의 구성을 간략히 설명하면, 2장에서 4장은 우선 과세대상(주택, 토지, 신탁물건)을 기준으로 종합부동산세를 살폈다.

제2장 「주택에 대한 종합부동산세」에서는 납세의무자를 크게 1세대 1주택자, 다주택자, 법인으로 분류하였다. 납세의무자에 따라 적용되는 공제금액, 세액공제금액, 세율 등이 상이하기 때문이다.

각 세분류에서는 주택 수 산정방법, 특례규정, 계산구조에 대한 내용도 포함하였고, 무엇보다 종합부동산세 절세의 지름길인 합산배제 대상 주택도 함께 정리하였다.

제3장「토지에 대한 종합부동산세」에서는 재산세 부과대상인 분리과세대상, 별도합산과세대상, 종합합산과세대상으로 분류하여 계산구조를 논하였고, 제4장「신탁과 종합부동산세」에서는 개정 흐름에 따른 납세의무자를 간략하게 살펴보았다.

다음으로 제5장「경정청구」에서는 과오납한 종합부동산세를 돌려받을 수 있는 요건 및 방법을 정리하였고, 제6장「Q&A」에서는 국세청 질의회신을 바탕으로 독자가 궁금해할 만한 종합부동산세 관련 질문을 선제적으로 담았다.

지금까지 종합부동산세만 정리할 수 있는 기회가 없어 막막했던 현실 속에서 이 책이 많은 이들의 갈증을 해소하는 데 조금이나마 도움이 되길 바란다.

끝으로 이 책이 출간되는 데 큰 도움을 주신 삼일인포마인의 이희태 대표이사님과 조원오 전무님, 김동원 이사님, 임연혁 차장님께 감사의 말씀을 전하고 싶다.

저자 **신동영, 이상민**

차례

차례

PART 01

들어가며

PART 01

들어가며

부동산과 관련된 세금은 취득, 보유, 양도 세 단계에서 발생한다. 취득세 및 양도소득세는 납부하는 금액이 비교적 크기 때문에 납세자들이 미리 절세 플랜을 세우는 경우가 많다.

반면 상담을 하다 보면 부동산을 보유할 때 납부하는 **보유세**인 재산세와 **종합부동산세**에 대해서는 그 중요성을 간과하는 경우가 많다.

하지만 막상 오랜 기간에 걸쳐 납부한 세금을 합산해 보면 생각보다 큰 금액이다. 따라서 부동산 투자에서 최대한의 이익을 얻기 위해서는 보유세인 재산세와 종합부동산세까지 고려하여 절세 플랜을 세워야 한다.

종합부동산세는 2005년 1월 5일부터 지금까지 26번 이상의 개정이 이루어졌다. 따라서 일반인은 물론이고, 종합부동산세를 처음 접하는 전문가들도 이를 공부하기는 어려웠을 것이다.

이 책은 종합부동산세의 개념과 요건, 절세포인트뿐만 아니라 신고방법 및 경정청구 방법에 대하여도 다루고 있다. 따라서 종합부동산세의 기본 개념과 실전 적용 방법을 익히기에 적합할 것이다.

Chapter 01

보유세란

보유세에는 크게 재산세와 종합부동산세, 두 가지가 있다. 재산세는 물건지 구청 등 지방자치단체에서 부과하는 '지방세'인 반면, 종합부동산세는 주소지 관할 세무서에서 부과하는 '국세'이다.

이처럼 종합부동산세와 재산세는 부과주체가 서로 다르지만, 이 둘은 사실 뗄레야 뗄 수 없는 관계이다.

지방자치단체의 재산세 부과내역이 세무서로 전달되면 해당 자료를 근거로 종합부동산세가 부과되기 때문이다.

아래 예시에서 알 수 있듯, 상가는 종합부동산세 과세대상이 아니고 주택은 종합부동산세 과세대상이다. 따라서 오피스텔의 재산세가 업무용으로 부과되면 종합부동산세는 부과되지 않는다. 반대로 오피스텔의 재산세가 주거용으로 부과되면 종합부동산세가 부과될 수 있다.

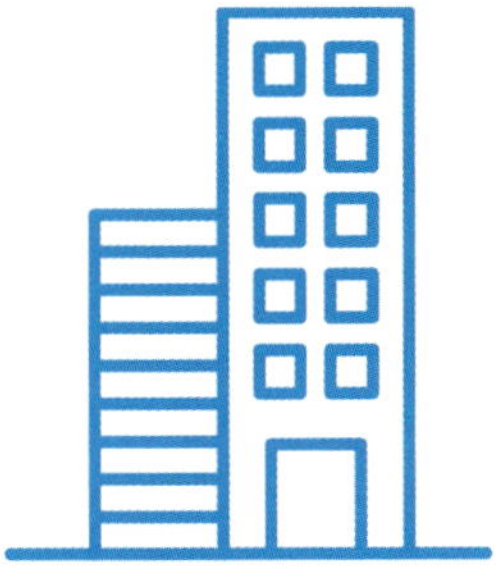

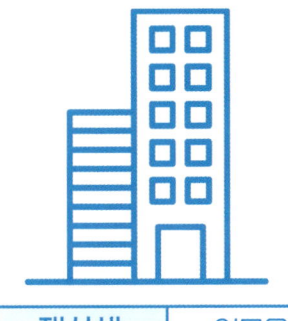

재산세	업무용
종합부동산세	과세 X

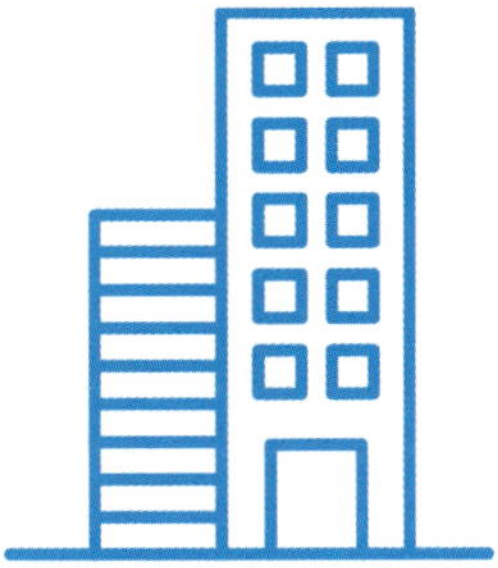

재산세	주거용
종합부동산세	과세○

판례살펴보기

Q. 미실현이익에 대하여 과세하는 것은 위헌일까?

[종합부동산세 과세가 미실현 이득에 대한 과세로서 위헌인지 여부 - 부]
서울행법2008구합8536(2008.7.11.)

[제목] 종합부동산세가 헌법에 위반되는지 여부

[요약] 미실현이익에 대한 **과세 여부는 입법 정책의 문제일 뿐** 헌법상의 조세개념에 저촉되거나 그와 양립할 수 없는 모순이 있는 것으로 볼 수는 없는 점 등을 종합하여 보면, **종합부동산세가 헌법에 위반된다고 보기는 어렵다 할 것임.**

Chapter 02

재산세와 종합부동산세 요약

재산세와 종합부동산세의 과세요건, 즉 **세금이 부과되는 기준**은 다음과 같다.

과세요건	재산세	종합부동산세
과세대상	**1. 토지** 2. 건축물 **3. 주택** 4. 항공기/선박	**1. 토지** **2. 주택** 3. 신탁주택/신탁토지
납세의무자	과세기준일 현재 재산세 과세대상 물건을 보유한 자	과세기준일 현재 종합부동산세 과세대상 물건을 보유한 자
과세표준	과세물건별 공시가격 x 공정시장가액비율	과세물건 공시가격의 합계 x 공정시장가액비율
세율	0.07%~4.0%	0.5%~5.0%

다음으로, 재산세와 종합부동산세의 계산구조의 차이를 알 수 있는 예를 들어보자.

(상황) 2024년 6월 1일 현재 A아파트(공시가격 5억)와 B단독주택(공시가격 10억)을 보유하고 있는 이주택씨의 재산세와 종합부동산세는?

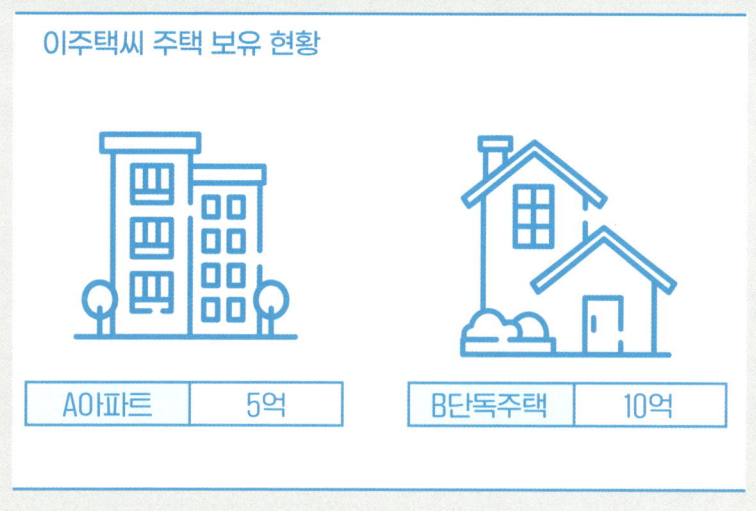

이주택씨 주택 보유 현황

A아파트	5억

B단독주택	10억

1. 재산세 계산해보기

계산구조	A아파트	B단독주택
공시가격	500,000,000 (5억)	1,000,000,000 (10억)
(x) 공정시장가액비율	60%	60%
(=) 과세표준	300,000,000	600,000,000
(x) 세율(누진세율)	0.25%	0.4%
(=) 산출세액	570,000	1,770,000
(-) 세부담상한초과액	-	-
(=) 납부세액	570,000	1,770,000

* 재산세도시지역분, 지방교육세, 지역자원시설세 제외

2. 종합부동산세 계산해보기

계산구조	A아파트 + B단독주택
공시가격 합계	1,500,000,000 (15억)
(−) 공제금액	900,000,000 (9억)
(=) 공제 후 금액	600,000,000 (6억)
(x) 공정시장가액비율	60%
(=) 과세표준	360,000,000
(x) 세율(누진세율)	0.7%
(=) 산출세액	1,920,000
(−) 재산세 중복분	680,727
(=) 중복분 차감후	1,239,273
(+) 농어촌특별세	147,855
(=) 납부세액	1,487,127

위 예시의 파랑색 부분을 보면 알 수 있듯이 재산세와 종합부동산세는 다음의 세 가지 점에서 차이가 있다.

① 공시가격 합산 여부

재산세는 '물건별 과세'이기 때문에 개인이 보유하고 있는 각 물건별로 세액을 계산한다. 종합부동산세는 '인별 과세'이기 때문에 개인이 보유하고 있는 물건의 공시가격을 합하여 계산한다.

② **공제금액 여부**

재산세는 공제금액이 없지만, 개인의 종합부동산세는 9억(1세대 1주택자의 경우 12억)의 공제금액이 있다.

③ **세율**

재산세는 0.07%~4.0%의 세율이, 종합부동산세는 0.5%~5.0%의 세율이 적용된다.

과세대상	재산세율	종합부동산세율
토지	0.07%~4.0%	0.5%~3.0%
주택	0.1%~0.4%	0.5%~5.0%

Chapter 03

종합부동산세 주요 개정사항 (2023) [2024년 개정사항]

1. 공제금액

구분	2022년 이전	2023년 이후
1세대 1주택자	11억	12억
그 외 개인	6억	9억

* 법인은 공제금액이 없다.
* 2023년 1월 1일부로, 기본공제금액이 1세대 1주택자의 경우 11억에서 12억으로 증가하였고, 그 외의 기본공제금액은 6억에서 9억으로 증가하였다.

2. 공정시장가액비율

연도	2019	2020년	2021년	2022년 ~
주택	85%	90%	95%	60%

* 공정시장가액비율은 정부입법사항으로 60~100% 내에서 자체적으로 결정할 수 있다.

3. 세율

① 일반세율: 0.5%~2.7%

② 중과세율: 2.0%~5.0%

과세표준	2주택 이하		3주택 이상	
	세율	누진공제	세율	누진공제
3억 이하	0.5%	-	0.5%	-
6억 이하	0.7%	60만원	0.7%	60만원
12억 이하	1.0%	240만원	1.0%	240만원
25억 이하	1.3%	600만원	2.0%	1,440만원
50억 이하	1.5%	1,100만원	3.0%	3,940만원
94억 이하	2.0%	3,600만원	4.0%	8,940만원
94억 초과	2.7%	10,180만원	5.0%	18,340만원

* 단, 법인은 개인의 최고세율 단일세율로 적용한다.
즉, 2주택 이하 보유시 2.7%, 3주택 이상 보유시 5.0%의 단일세율을 적용한다.

※ 종합부동산세 중과세율 적용 대상 (가. AND 나.)

구분	2022년 이전	2023년 이후
가. 주택 수 요건	3주택 이상 (조정대상지역 2주택)	3주택 이상 (지역 불문)
나. 과세표준 요건	-	12억 초과

중과세율 적용 대상이 개정되며, 조정대상지역 보유주택에 대한 제재는 사라졌다.

- 종전: 지역불문 3주택 이상 보유자 또는 조정대상지역 2주택자
- 현행: 지역불문 3주택 이상 보유자 중 과세표준이 12억 초과할 경우

4. 세부담상한액

구분	2022년 이전	2023년 이후
일반세율 적용자	150%	150%
중과세율 적용자	300%	150%

* 단, 법인은 세부담상한을 적용받지 않는다.

5. 합산배제주택 및 특례주택

① 계산 시 제외되는 주택 (이하 '합산배제주택')

특정 요건을 갖춘 아래의 주택은 1세대 1주택 판단 시나 세율 판단 시 주택 수에서 제외되고, 실제 종합부동산세 계산 시에도 과세표준에 합산되지 않는다.

- 합산배제 임대주택
- 합산배제 사원용주택 등

합산배제주택에 관하여는 p.70에서 더 자세히 알아보도록 하자.

② 판단 시 제외되는 주택 (이하 '특례주택')

특정 요건을 갖춘 아래의 주택은 1세대 1주택 판단 시나 세율 판단 시에는 주택 수에서 제외되나, 실제 종합부동산세 계산 시에는 과세표준에 합산된다.

「1세대 1주택 판단 시」

아래의 주택을 포함하여 2주택을 보유하고 있는 경우에는 1주택자로 본다.

- 주택 부속토지
- 일시적 2주택
- 상속주택
- 지방저가주택

따라서 위 주택을 포함한 2주택자에게는 1세대 1주택자에게만 주어지는 공제금액(12억) 및 세액공제(고령자 세액공제, 장기보유 세액공제)가 적용될 수 있다.

「세율 판단 시」

세율 판단 시 아래의 주택을 포함하여 3주택을 보유하고 있는 경우에는 2주택자로 본다.

- 상속주택
- 무허가주택 부속토지
- 소형 신축주택 (2024년 추가)
- 준공 후 미분양 주택 (2024년 추가)

따라서 3주택 이상자에게만 적용되는 중과세율이 적용될 여지가 없다.

특례주택에 관하여는 p.35 및 p.52에서 더 자세히 알아보도록 하자.

※ 요약

구분	주택 수 판단 시	과세표준 계산 시
① 합산배제주택	미포함	미포함
② 특례주택	미포함	포함

합산배제주택 소유자의 종합부동산세

이주택씨는 공시가격 15억의 A주택(일반주택, 거주 + 주민등록)과 공시가격 10억의 B주택(합산배제주택)을 보유하고 있다.

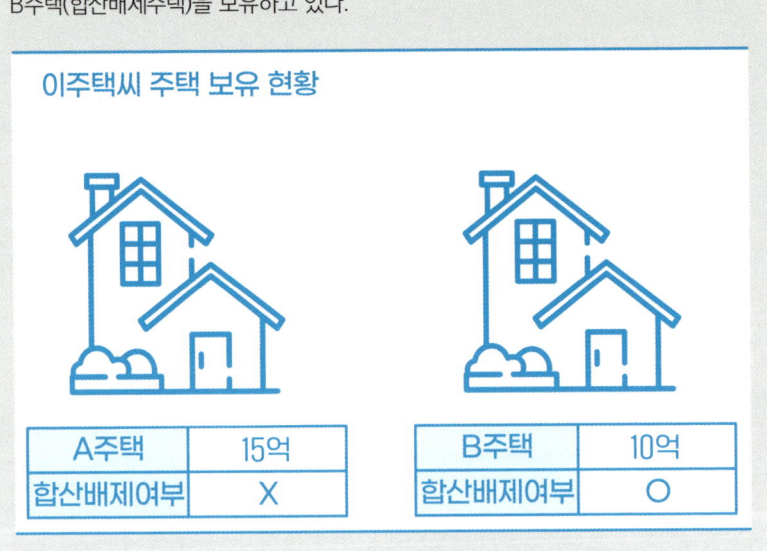

이주택씨 주택 보유 현황

A주택	15억
합산배제여부	X

B주택	10억
합산배제여부	O

계산구조	A주택 ~~+ B주택~~
공시가격 합계	1,500,000,000 ~~+1,000,000,000~~ (15억)
(-) 공제금액	**1,200,000,000 (12억)**
(=) 공제 후 금액	300,000,000 (3억)
(x) 공정시장가액비율	60%
(=) 과세표준	180,000,000
(x) 세율(누진세율)	0.5%
(=) 산출세액	900,000

=〉 합산배제주택은 주택 수 판단 시에도, 과세표준 계산 시에도 제외된다.

① 판단 시

이주택씨는 2주택 소유자임에도 불구하고 1세대 1주택자로 보아 9억이 아닌 12억의 공제금액을 적용받을 수 있다.

② 계산 시

합산배제주택 가액을 제외하고 계산할 수 있다. 따라서 공시가격 합계가 25억이 아닌 15억임을 알 수 있다.

※ 주의점

합산배제 임대주택의 경우 각 배제대상 임대주택 외의 주택을 소유하는 자가 과세기준일 현재 그 주택에 주민등록이 되어 있고 실제로 거주하고 있는 경우에 한정하여 적용한다.

특례주택 소유자의 종합부동산세

이주택씨는 공시가격 15억의 A주택(일반주택)과 공시가격 10억의 B주택(상속주택)을 보유하고 있다.

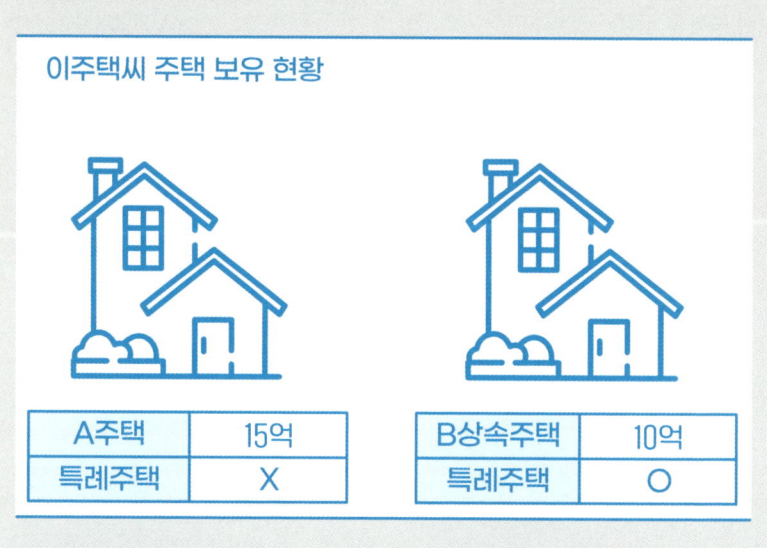

이주택씨 주택 보유 현황

A주택	15억
특례주택	X

B상속주택	10억
특례주택	O

계산구조	A주택 + B주택
공시가격 합계	1,500,000,000 + **1,000,000,000** (25억)
(−) 공제금액	**1,200,000,000 (12억)**
(=) 공제 후 금액	1,300,000,000 (13억)
(x) 공정시장가액비율	60%
(=) 과세표준	780,000,000
(x) 세율(누진세율)	1.0%
(=) 산출세액	5,400,000

=〉 특례 주택은 주택 수 판단 시에만 제외되고, 과세표준 계산 시에는 제외되지 않는다.

① 판단 시

이주택씨는 2주택 소유자임에도 불구하고 1세대 1주택자로 보아 9억이 아닌 12억의 공제금액을 적용받을 수 있다.

② 계산 시

특례주택이더라도 특례주택 가액을 포함하여 계산하여야 한다. 따라서 공시가격 합계가 25억임을 알 수 있다.

6. 합산배제 신청 및 경정청구

구분	종전	현행
부과·고지된 세액	경정청구 불가	경정청구 가능

종합부동산세는 재산세 부과자료를 근거로 과세하기 때문에 신고납부제도가 아닌, 정부부과과세제도를 원칙으로 하고 있다. 즉, 납세자가 신고하는 것이 아니라 과세관청이 세액을 부과하여 세액을 확정짓는 것이다.

과거에는 이렇게 고지받아 세액을 납부한 경우, 과세관청이 세액을 과다하게 부과하였어도 세액을 돌려받을 길이 없었다. 경정청구는 납세자가 신고한 분에 대하여만 가능했기 때문이다.

즉, 본인이 합산배제주택을 보유하고 있음을 알지 못하고 과세관청이 고지한 세액을 그대로 납부한 납세자는 경정청구가 불가했기에 과다 납부한 세액을 돌려받을 수 없었다.

하지만 2023년 이후 경정청구분부터는 정부가 부과 및 고지한 분에 대해서도 5년 이내 경정청구 시 종합부동산세를 돌려받을 수 있도록 길을 열어주었다. 이에 대하여는 **5장 경정청구** 파트에서 자세히 알아보도록 하자.

PART

02

주택에 대한 종합부동산세

PART

02

주택에 대한 종합부동산세

Chapter 01

1세대 1주택자의 종합부동산세

1. 1세대의 개념

양도소득세에서는 세대 단위로 주택 수를 판단하여 양도소득세율을 적용하고, 취득세에서도 세대 단위로 주택 수를 판단하여 취득세율을 적용한다.

종합부동산세의 대원칙은 인별 과세지만, 종합부동산세에서도 세대 단위로 주택 수를 판단하여 1세대 1주택자만이 적용받을 수 있는 혜택이 있다. ①고액의 공제금액(12억)과 ②세액공제(고령자 세액공제, 장기보유 세액공제)가 그 혜택이다. 따라서 1세대 1주택자를 판단하기 위해서는 종합부동산세에서도 명확한 세대 판단이 선행되어야 한다.

그렇다면 '세대'란 무엇일까?

세대는 종합부동산세법 시행령 제1조의 2에서 다음과 같이 정의하고 있다.

> 세대란 "주택 또는 토지의 소유자 및 그 배우자가 그들과 동일한 주소 또는 거소에서 생계를 같이 하는 가족과 함께 구성하는 1세대"를 말한다.

그렇다면 종합부동산세에서 말하는 '가족'은 무엇인가? 동거하는 친구도 가족이 될 수 있는 것일까?

이와 같이 모호한 점을 해소하기 위해 가족에 대해서도 정의하고 있다.

> 가족은 "주택 또는 토지의 소유자와 그 배우자의 직계존비속(의 배우자도 포함) 및 형제자매를 말하고, 취학/질병요양/근무, 사업상 형편으로 일시퇴거한 자를 포함"한다.

즉, 생계를 같이 하는 배우자, 직계존비속 및 형제자매를 말하고, 이들이 일시퇴거하였다 하더라도 동일세대로 본다.

단, 종합부동산세법에서는 다음과 같이 혼인이나 봉양목적 합가 등 특별한 경우에는 1세대 특례를 따로 규정하여 종합부동산세를 과다하게 과세하지 않고 있다.

〈1세대 특례〉	
(1) 배우자가 없는 경우에도 1세대로 보는 경우	① 만 30세 이상인 경우 ② 배우자가 사망하거나 이혼한 경우 ③ 소득이 기준 중위소득의 100분의 40 이상으로, 소유하고 있는 주택/토지를 관리, 유지하며 독립된 생계를 유지할 수 있는 경우 (미성년자는 배제 대상이고, 미성년자의 혼인/가족의 사망으로 실질적으로 1세대를 구성하는 경우는 배제 제외)
(2) 혼인함으로써 1세대를 구성하는 경우	혼인한 날로부터 5년 동안 각각 1세대
(3) 동거봉양합가를 위해 현재 60세 이상의 직계존속과 1세대를 구성하는 경우	합가한 날부터 10년 동안 각각 1세대 ※ 합가한 날 당시는 60세 미만이었으나, 합가한 후 과세기준일 현재 60세에 도달하는 경우는 합가한 날부터 10년의 기간 중에서 60세 이상인 기간 동안 각각 1세대

예규살펴보기

서면부동산2019-340(2019.5.24.)

[제목] 1세대 1주택 적용여부

[요약] "1세대 1주택자"란 세대원 중 1명만이 주택분 재산세 과세대상인 1주택만을 소유한 경우로서 그 주택 소유자를 말하는 것이며, 납세의무자별 보유주택 수에 따라 「종합부동산세법」 제9조 제1항 제1호 및 제2호의 세율을 적용하는 것임.

서면부동산2022-5559(2023.1.17.)

[제목] 부부가 혼인 후 각각 1주택을 취득한 경우 종부령 §1의2④에 따른 혼인합가 특례 적용 여부

[요약] 부부가 혼인 후 각각 1주택을 취득한 경우에도 종부령 §1의2④에 따라 혼인일부터 5년 간 각각 별도 세대로 보아 종부법 §8①·§9⑤에 따른 1세대1주택자 여부를 판정함.

서면부동산2022-5661(2023.2.23.)

[제목] 종부령 §1의2④에 따른 혼인합가 특례 적용 기준시기인 '혼인한 날'의 의미

[요약] 종부령 §1의2④에 따른 '혼인한 날'은 가족관계등록법에 따라 혼인신고를 한 날임.

서면부동산2022-5131(2023.2.23.)

[제목] 자녀까지 출생하여 함께 생활하는 사실혼 관계에 있는 자를 동일세대원으로 볼 수 있는지

[요약] 종합부동산세법상 동일세대를 구성하는 '배우자'의 범위에 혼인신고한 사실이 없는 자는 포함되지 않음.

2. 주택 수의 판정

1세대 1주택 판단 시 다음의 주택을 제외하고는 모두 주택 수에 포함된다.

대분류	소분류	주택 수 판단 시	과세표준 계산 시
합산배제주택	ㄱ. 합산배제주택	제외	제외
특례주택	ㄴ. 주택부속토지	제외	포함
	ㄷ. 일시적 2주택	제외	포함
	ㄹ. 상속주택	제외	포함
	ㅁ. 지방저가주택	제외	포함

합산배제주택(ㄱ) 외 1주택을 보유한 자는 판단 시 1세대 1주택자로 본다. 따라서 1세대 1주택자에게만 적용하는 12억의 공제금액 및 세액공제를 적용한다.

뿐만 아니라, 세액 계산 시 과세표준에도 합산배제주택 가액을 포함하지 않는다.

특례주택(ㄴ~ㅁ) 외 1주택을 보유한 자는 판단 시 1세대 1주택자로 본다. 따라서 1세대 1주택자에게만 적용하는 12억의 공제금액 및 세액공제를 적용한다.

하지만, 위 경우와 다르게 세액 계산 시 과세표준에는 특례주택의 가액을 포함한다.

ㄱ. 합산배제주택 - 주택 수 제외, 과세표준 제외

선의로 보유하고 있는 주택에 대해서는 종합부동산세 과세대상에서 제외해주는 합산배제 규정을 두고 있다. 즉, 주택 수 판정 시뿐만 아니라 종합부동산세 계산 시 과세표준에서도 합산배제주택은 제외한다. 이는 2장의 4 합산배제 대상 주택 파트에서 더 자세히 살펴볼 수 있다.

ㄴ. 주택 부속토지 - 주택 수 제외, 과세표준 포함

1인이 A주택과 B주택 부속토지 소유 시 1세대 1주택자로 볼 수 있다(예시 ③). 단, 부부 2인이 각각 A주택과 B주택 부속토지 소유 시 1세대 1주택자로 볼 수 없다(예시 ④).

① 세대원 A가 일반주택 1채만 소유한 경우 ➜ 1세대 1주택 ○

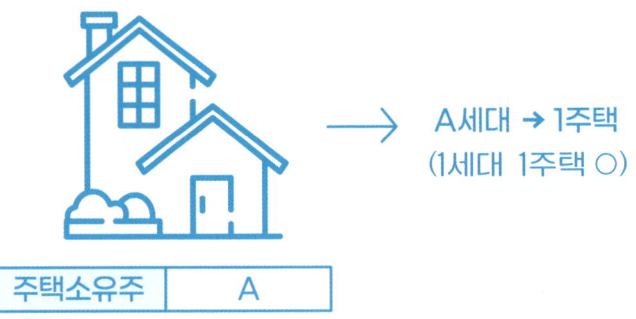

① 세대원 A가 일반주택 1채만 소유한 경우

→ A세대 ➜ 1주택
(1세대 1주택 ○)

주택소유주	A

② 세대원 A가 부속토지 2필지를 소유한 경우 ➜ 1세대 1주택 ×

② 세대원 A가 부속토지 2필지를 소유한 경우

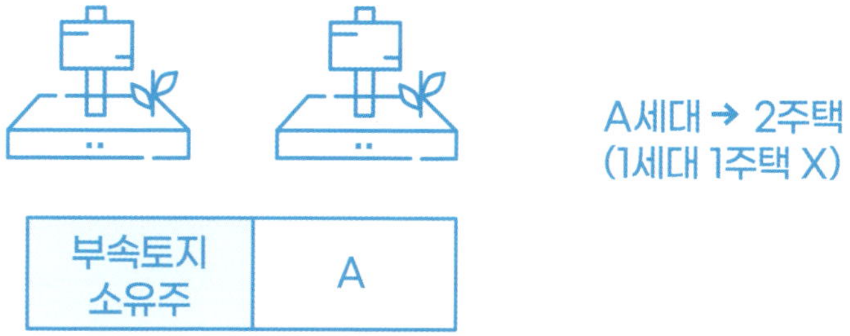

③ 세대원 A가 일반주택 1채, 주택부속토지 1필지를 소유한 경우 ➜ 1세대 1주택 ○

③ 세대원 A가 일반주택 1채, 주택부속토지 1필지를 소유한 경우

④ 세대원 A가 일반주택 1채, 세대원 B가 부속토지 1필지를 소유한 경우 ➜ 1세대 1주택 ×

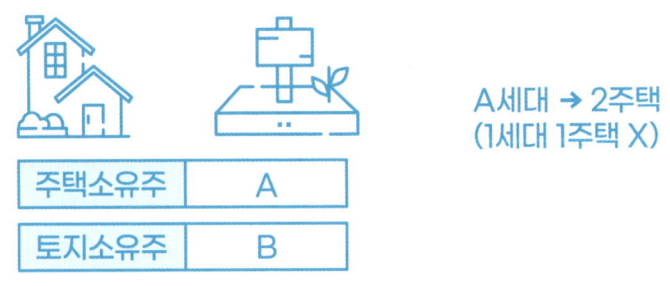

④ 세대원 A가 일반주택 1채,
세대원 B가 부속토지 1필지를 소유한 경우

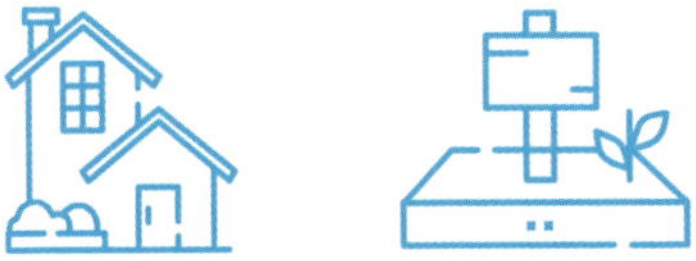

주택소유주	A
토지소유주	B

A세대 ➜ 2주택
(1세대 1주택 X)

ㄷ. 일시적 1세대 2주택 - 주택 수 제외, 과세표준 포함

1세대 1주택자가 종전주택을 양도하기 전에 신규주택을 취득하여 2주택이 된 경우로서 신규주택을 취득한 날로부터 3년 내 종전주택을 양도하는 경우를 말한다.

단, 양도소득세와는 다르게 종전주택 취득일로부터 1년 이상 지난 후 신규주택을 취득하여야 하는 요건이 없다.

ㄹ. 상속주택 - 주택 수 제외, 과세표준 포함

상속을 원인으로 취득한 주택으로서 다음 중 어느 하나에 해당하는 것을 말한다.

① 과세기준일 현재 상속개시일부터 5년이 경과하지 않을 것

② 지분율이 40% 이하일 것

③ 지분율에 상당하는 공시가격이 6억(수도권 밖 3억) 이하일 것

※ 위의 요건은 상속개시일 기준으로 판단하는 것이 아니라, 매년 과세기준일(6월 1일) 기준으로 판단한다. 따라서 상속개시일부터 5년이 경과되었고, 지분율에 상당하는 공시가격이 6억도 초과한다면 지분을 일부 양도하여 40% 이하로 만들거나 6억(3억) 이하로 만들면 주택 수에서 제외되는 특례주택을 만들 수 있다.

ㅁ. 지방저가주택 – 주택 수 제외, 과세표준 산입

다음의 요건을 모두 충족하는 주택을 말한다.

① 공시가격이 3억 이하인 주택

② 수도권 밖의 지역으로서 광역시 및 특별자치시가 아닌 지역에 소재할 것

※ 주의

지방저가주택은 상속주택과 다르게 1채만 주택 수에서 제외된다. 따라서 일반주택 1채와 상속주택 2채 이상 가지고 있는 경우 1세대 1주택자인 반면, 일반주택 1채와 지방저가주택을 2채 이상 가지고 있는 경우 1세대 1주택자가 아니다.

구분	상속주택	지방저가주택
1주택 + 1특례주택	1세대 1주택자 해당	1세대 1주택자 해당
1주택 + 2특례주택	1세대 1주택자 해당	1세대 1주택자 미해당

예규살펴보기

[주택 부속토지만 소유한 경우에도 종합부동산세 과세대상이 맞는지 - 여]
서면부동산2022-2094(2022.7.28.)

[제목] 주택의 부속토지가 주택 종합부동산세 과세대상이 맞는지

[요약] 주택의 부속토지만 소유한 경우 주택분 재산세 납세의무자에 해당하므로 주택분 종합부동산세 납세의무가 있음.

→ **양도소득세에서는 주택 부속토지를 보유하는 경우 1주택자로 보지 않는 반면, 종합부동산세에서는 주택 부속토지만 보유하고 있어도 1주택자로 본다.**

[주택과 특례주택을 각각 다른 사람이 보유하고 있는 경우 1세대 1주택자 특례적용이 가능한지 - 부]
서면부동산2022-4650(2022.12.13.)

[제목] 1주택과 지방 저가주택 및 다른 주택의 부속토지를 보유한 자가 1세대 1주택자 특례 신청 가능한지

[요약] 1주택과 지방 저가주택 및 다른 주택의 부속토지를 1인이 함께 보유하고 있으면 신청을 통해 1세대 1주택자로 볼 수 있는 것임.

→ **부부 중 한 명이 1주택, 다른 한 명이 1특례주택을 보유하고 있는 경우에는 1세대 1주택으로 볼 수 없다.**

[상속등기되지 않아 상속지분이 제일 높은 자에게 주택 전체의 종합부동산세를 부과한 것이 정당한지 - 여]
조심2009서1792(2010.6.3.)

[제목] 공동상속주택에 대한 종합부동산세 납세의무

[요약] 상속등기를 행하지 아니한 공동상속재산인 쟁점주택에 대하여 공동상속인 중 상속지분이 가장 높은 청구인을 주된 상속자로 보아 당해 주택 전체에 대한 종합부동산세를 부과한 처분은 정당함.

[상속등기가 되지 않은 경우 공동상속주택의 납세의무 - 주된 상속자가 납세의무자]
사전법규재산2022-710(2022.10.20.)

[제목] 상속등기가 이행되지 않는 공동상속주택의 종합부동산세 납세의무자

[요약] 지방세법에 따라 상속재산으로 상속등기가 이행되지 아니하고 사실상 소유자를 신고하지 아니하였을 때에는 주된 상속자가 주택분 재산세 납세의무자가 되므로 이 경우 주된 상속자가 해당 주택의 종합부동산세 납세의무자가 되는 것임.

[1주택을 공동으로 보유한 경우 원칙적 1세대 1주택으로 볼 수 있는지 - 부]
서면부동산2022-5338(2023.2.6.)

[제목] 상속주택을 세대원 중 2명이 공동으로 소유한 경우 종부법 §8④에 따른 1세대 1주택자에 해당하는지

[요약] 상속주택을 세대원 중 2명이 공동으로 소유한 경우(종부법 §10의2에 따라 공동명의 1주택자의 납세의무 등에 관한 특례가 적용되는 경우는 제외함)에는 종부법 §8④에 따른 1세대 1주택자에 해당하지 않음.

[비거주자가 1세대 1주택자에 해당하는지 - 부]
서면부동산2020-4520(2021.2.25.)

[제목] 비거주자가 「종합부동산세법」 제8조 제4항이 적용되는 1세대 1주택자에 해당하는지 여부

[요약] 「종합부동산세법」상 1세대 1주택자는 세대원 중 1명만이 주택분 재산세 과세대상인 1주택만을 소유한 경우로, 그 주택을 소유한 「소득세법」 제1조의2 제1항 제1호에 따른 거주자를 말하는 것임.

3. 부부공동명의 1주택자 특례

원칙적으로는 세대원 중 1명이 주택분 재산세 과세대상인 1주택을 소유한 경우에만 1세대 1주택자로 본다. 즉, 1명이 단독소유한 것이 아니라 2명이 공동소유한 경우에는 1세대 1주택자로 보지 않는다는 것이다.

① 취지

부부 중 1인이 1주택을 단독소유한 것과 부부 2인이 1주택을 공동으로 소유한 것의 세부담이 다른 것은 불합리하다는 의견을 반영하여 2021년에는 부부공동명의 1주택자 특례를 신설하였다.

② 특례내용

부부공동명의 1주택자 특례에 해당되면 1세대 1주택자에게 적용되는 공제금액(12억) 및 세액공제(고령자 세액공제 및 장기보유 세액공제)를 적용할 수 있다.

③ 납세의무자

부부 중 지분율이 큰 자 ➜ (지분율이 동일한 경우) 부부 중 1인 선택

④ 특례적용의 유불리

부부공동명의 1주택자 특례를 적용할 경우, 고령자 세액공제 및 장기보유 세액공제를 납세의무자를 기준으로 판단한다.

따라서 부부의 지분율이 동일하다면 나이가 많은 사람을 납세의무자로 정하는 것이 유리할 것이다. 고령자 세액공제를 더 많이 적용받을 수 있기 때문이다.

하지만, 부부공동명의 1주택자 특례를 적용받는 것이 항상 유리한 것은 아니다. 고령자 세액공제 및 장기보유 세액공제를 적용받지 못하는 경우에는 세부담이 오히려 증가할 수도 있다.

또한, 2022년까지는 부부공동명의 특례 기본공제(11억) vs 각자 공제(6억+6억)를 기준으로 판단했어야 하는데,

2023년부터는 기본공제(12억) vs 각자 공제(9억+9억)를 기준으로 판단하여야 한다.

따라서 무조건 공동명의 1주택자 특례를 신청하는 것이 최선이 아닐 수도 있으므로, 각 가정의 상황에 맞게 전문가에게 상담을 받아야 이익이 극대화 될 것이다.

구분	부부공동명의 특례	인별 과세
공제금액	12억	18억 (각각 9억)
세액공제	고령자 세액공제 장기보유 세액공제	-

⑤ 특례적용 가능 여부 판단

만약, 부부공동명의 1주택(A)과 다른 주택의 부속토지(B)를 소유한 경우에는 부속토지 소유자가 누구냐에 따라 공동명의 특례적용 가능 여부가 달라진다. 부부공동명의 특례 주택(A)의 납세의무자와 부속토지(B) 보유자가 같다면 1세대 1주택자로 보아 특례신청이 가능하지만, 다르다면 특례신청이 불가하다.

구분	A 공동명의주택	B 부속토지	특례적용 여부
상황 1	남편	남편	가능
상황 2	남편	아내	불가

예규살펴보기

서면부동산2022-2661(2022.6.24.)

[제목] 부부 공동명의 1주택과 다른 주택 부속토지 보유시 1세대 1주택자 특례 적용이 가능한지

[요약] 1세대가 1주택만을 보유하고 그 1주택을 부부 공동명의로 소유하는 경우에는 1명의 납세의무자로 신청할 수 있으나, **납세의무자 외 세대원이 다른 주택의 부속토지를 소유하고 있는 경우에는 해당 특례를 신청할 수 없음.** 다만, 납세의무자와 다른 주택의 부속토지 소유자가 동일한 경우에는 1세대 1주택 특례를 적용할 수 있음.

[부부공동명의와 일시적 1세대 2주택 중복적용 가능한지 - 여]

사전법규재산2022-1115(2023.4.27.)

[제목] 부부공동명의로 취득한 2주택에 대하여 종합부동산세법 §8④에 따른 1세대 1주택자 특례를 적용할 수 있는지

[요약] 부부공동명의로 취득한 2주택에 대하여 종합부동산세법 §8④에 따른 1세대 1주택자 특례를 적용할 수 있는 것임.

질의

(사실관계)

○ 2018.xx.xx. 1/2 지분씩 부부공동명의로 A주택 취득

○ 2021.xx.xx 1/2 지분씩 부부공동명의로 B주택 취득

* 2022년 과세기준일 현재 신규주택을 취득한 날부터 2년이 경과하지 않음.

** A, B 주택에 관한 2022년 귀속 종합부동산세에 대하여 종합부동산세법 §10의2에 따라 부부 중 1인을 "공동명의 1주택자"로 신청하였음을 전제

(질의내용)

○ 부부공동명의로 취득한 종전주택을 보유한 상태에서 부부공동명의로 신규주택 취득 시, 종합부동산세법 §8④(2)에 따라 1주택을 소유한 1세대로 볼 수 있는지 여부

회신

위 사전답변 신청의 사실관계와 같이, 부부가 공동명의로 취득한 1주택(A)을 소유한 상태에서 신규 주택(B)도 부부 공동명의로 취득한 경우로서 두 주택(A, B)에 대하여 모두 부부 중 1인을 「종합부동산세법」 제10조의2에 따른 "공동명의 1주택자"로 신청하여 납세의무자가 동일한 경우에는 같은 법 제8조 제4항 제2호에 해당하는 1세대 1주택자로 보아 같은 조 제1항을 적용할 수 있는 것임.

4. 종합부동산세 계산 (더하고 빼고 곱하라)

① 단순 1세대 1주택자의 종합부동산세

이주택씨는 서울시 마포구에 위치한 공시가격 13억의 A주택을 10년간 보유하고 있다. 이때 2024년 종합부동산세는 다음과 같이 계산된다.

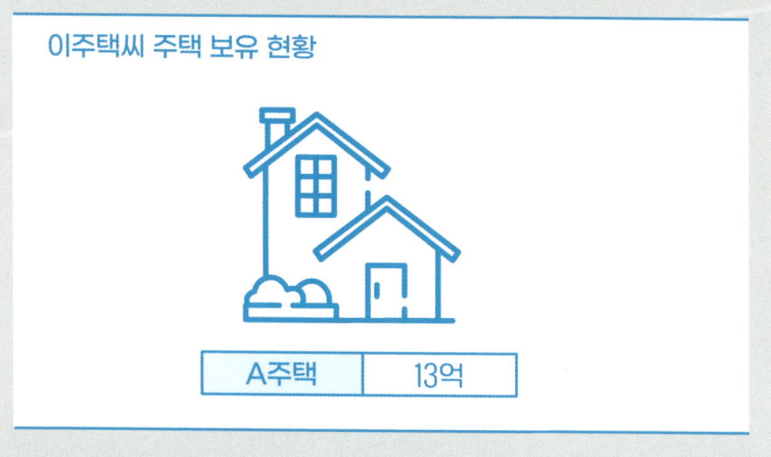

이주택씨 주택 보유 현황

A주택	13억

계산구조	A주택
공시가격 합계	1,300,000,000 (13억)
(-) 공제금액	1,200,000,000 (12억)
(=) 공제 후 금액	100,000,000 (1억)
(x) 공정시장가액비율	60%
(=) 과세표준	60,000,000
(x) 세율(누진세율)	0.5%
(=) 산출세액	300,000
(-) 세액공제	(10년 보유, 40%) 120,000
(=) 납부세액	180,000

※ 이하, 공제할 재산세액 및 농특세 등은 계산 편의상 고려하지 않았다.

위 예시에서 1세대 1주택자 계산구조의 특징을 알 수 있다.

ㄱ. 공제금액

12억의 기본공제를 적용한다.

ㄴ. 세액공제

요건 충족 시 고령자 세액공제 및 장기보유 세액공제 적용이 가능하다. 이는 1세대 1주택자만이 적용받을 수 있는 혜택이다.

- 고령자 세액공제

주택 보유자가 만 60세 이상인 경우 20%~40%의 세액공제가 가능하다.

연령	60세 이상~ 65세 미만	65세 이상~ 70세 미만	70세 이상
공제율	20%	30%	40%

- 장기보유 세액공제

만 5년 이상 주택을 보유한 경우 20%~50%의 세액공제가 가능하다.

보유기간	5년 이상~ 10년 미만	10년 이상~ 15년 미만	15년 이상
공제율	20%	40%	50%

ㄷ. 세율

일반세율을 적용한다. 1세대 1주택자는 중과세율이 적용될 여지가 없다.

과세표준	2주택 이하		3주택 이상	
	세율	누진공제	세율	누진공제
3억 이하	0.5%	-	0.5%	-
6억 이하	0.7%	60만원	0.7%	60만원
12억 이하	1.0%	240만원	1.0%	240만원
25억 이하	1.3%	600만원	2.0%	1,440만원
50억 이하	1.5%	1,100만원	3.0%	3,940만원
94억 이하	2.0%	3,600만원	4.0%	8,940만원
94억 초과	2.7%	10,180만원	5.0%	18,340만원

② 부부공동명의 1주택자의 특례 적용자의 종합부동산세

부부인 이주택씨와 신토지씨는 50:50의 비율로 서울시 마포구에 위치한 공시가격 13억의 A주택을 10년간 보유하고 있다. 이때 2024년 종합부동산세는 경우에 따라 다음과 같이 계산된다.

이주택씨와 신토지씨 주택 보유현황

지분율50%	이주택
지분율50%	신토지

② -1 각각 공제금액을 적용하여 계산하는 경우

계산구조	A주택 이주택씨 지분 (50%)	A주택 신토지씨 지분 (50%)
공시가격 합계	650,000,000 (6.5억)	650,000,000 (6.5억)
(−) 공제금액	900,000,000 (9억)	900,000,000 (9억)
(=) 공제 후 금액	–	–
(x) 공정시장가액비율	60%	60%
(=) 과세표준	–	–
(x) 세율(누진세율)	–	–
(=) 산출세액	–	–

② -2 부부공동명의 1주택자 특례를 적용하는 경우

계산구조	A주택
공시가격 합계	1,300,000,000 (13억)
(-) 공제금액	1,200,000,000 (12억)
(=) 공제 후 금액	100,000,000 (1억)
(x) 공정시장가액비율	60%
(=) 과세표준	60,000,000
(x) 세율(누진세율)	0.5%
(=) 산출세액	300,000
(-) 세액공제	(10년 보유, 40%) 120,000
(=) 납부세액	180,000

위에서 보다시피, 오히려 특례를 적용하는 경우 종합부동산세 부담이 늘어나는 경우도 있다.

따라서 부부공동명의 1주택자 특례를 신청하기 전에 예상세액을 계산하여 세부담이 최소화되는 방안을 선택하여야 한다.

Chapter 02

다주택자의 종합부동산세

1. 주택 수의 판정

주택 수 판단 시 다음의 주택을 제외하고는 모두 주택 수에 포함된다.

대분류	소분류	주택 수 판단시	과세표준 계산시
합산배제주택	ㄱ. 합산배제주택	제외	제외
특례주택	ㄴ. 상속주택	제외	포함
	ㄷ. 무허가주택 부속토지	제외	포함
	ㄹ. 소형 신축주택	제외	포함
	ㅁ. 미분양주택	제외	포함

합산배제주택(ㄱ)은 3주택 이상 중과세율 판단 시 주택 수에서 제외된다. 뿐만 아니라, 세액계산 시 과세표준에도 합산배제주택 가액을 포함하지 않는다.

특례주택(ㄴ~ㅁ)은 3주택 이상 중과세율 판단 시 주택 수에서 제외된다. 하지만, 위 경우와 다르게 세액계산 시 과세표준에는 특례주택의 가액을 포함한다.

ㄱ. 합산배제주택 - 주택 수 제외, 과세표준 제외

선의로 보유하고 있는 주택에 대해서는 종합부동산세 과세대상에서 제외해주는 합산배제 규정을 두고 있다. 즉, 주택 수 판정 시뿐만 아니라 세액 계산 시 과세표준에서도 합산배제주택은 제외한다. 이는 2장의 4 합산배제 대상 주택 파트에서 더 자세히 살펴볼 수 있다.

ㄴ. 상속주택 - 주택 수 제외, 과세표준 포함

상속을 원인으로 취득한 주택으로서 다음 중 어느 하나에 해당하는 것을 말한다.

① 과세기준일 현재 상속개시일부터 5년이 경과되지 않을 것

② 지분율이 40% 이하일 것

③ 지분율에 상당하는 공시가격이 6억(수도권 밖 3억) 이하일 것

※ 위의 요건은 상속개시일 기준으로 판단하는 것이 아니라, 매년 과세기준일(6월 1일) 기준으로 판단한다. 따라서 상속개시일부터 5년도 경과되었고, 지분율에 상당하는 공시가격이 6억도 초과한다면 지분을 양도하여 40% 이하로 만들거나 6억(3억) 이하로 만들면 세율적용을 위한 주택 수 판단시 제외되는 특례주택으로 만들 수 있다.

ㄷ. 무허가주택 - 주택 수 제외, 과세표준 포함

타인의 땅에 허가 또는 신고를 하지 않고 건축하여 사용 중인 무허가 주택의 부속토지를 말한다.

2021년까지는 본인 소유 토지에 타인이 지은 무허가주택도 주택 수에 포함되었다.

하지만 무허가주택이 있다는 사실만으로 토지 소유자가 유주택자 및 다주택자로 세부담이 과중되는 것이 불합리하다는 것을 반영하여 2022년부터 무허가주택은 주택 수 산정 시 제외되었다.

※ 단, 무허가주택 소유자가 토지 소유자와 같다면 무허가주택은 주택 수에서 제외될 이유가 없다.

ㄹ. 소형 신축주택 - 주택 수 제외, 과세표준 포함

24.01.10.~25.12.31. 중 취득한 주택으로서 다음 요건을 모두 충족한 것을 말한다.

① 전용면적 60㎡ 이하일 것

② 취득가액이 6억(수도권 밖 3억) 이하일 것

③ 준공시점이 24.01.10.~25.12.31.일 것

④ 아파트가 아닐 것

ㅁ. 미분양주택 - 주택 수 제외, 과세표준 포함

24.01.10.~25.12.31. 중 취득한 주택으로서 다음 요건을 모두 충족한 것을 말한다.

① 전용면적 85㎡ 이하일 것

② 취득가액이 6억 이하일 것

③ 주택 소재지가 비수도권일 것

2. 종합부동산세 계산 (더하고 빼고 곱하라)

① 2주택자의 종합부동산세 - 일반세율

이주택씨는 서울시 마포구에 위치한 공시가격 9억의 A주택과 공시가격 20억의 B주택을 보유하고 있다. 이때 2024년 종합부동산세는 다음과 같이 계산된다.

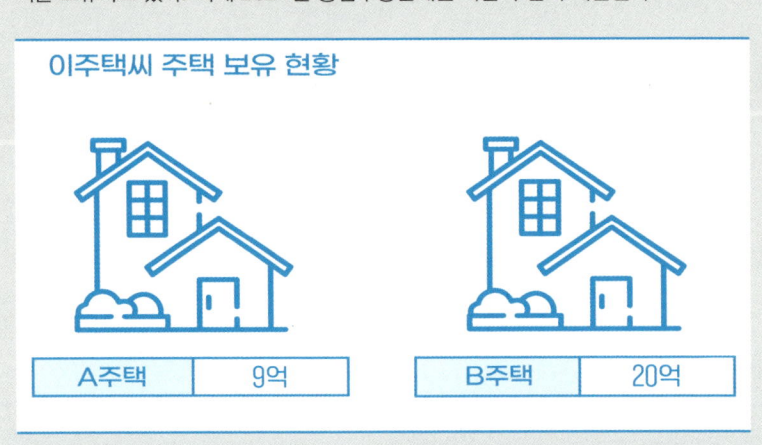

이주택씨 주택 보유 현황

A주택	9억	B주택	20억

계산구조	A주택 + B주택
공시가격 합계	2,900,000,000 (29억)
(-) 공제금액	900,000,000 (9억)
(=) 공제 후 금액	2,000,000,000 (20억)
(x) 공정시장가액비율	60%
(=) 과세표준	1,200,000,000
(x) 세율(누진세율)	1.0%
(=) 산출세액	9,600,000
(-) 세액공제	-
(=) 납부세액	9,600,000

② 3주택자의 종합부동산세 - 일반세율

이주택씨는 서울시 마포구에 위치한 공시가격 7억의 A주택, 공시가격 10억의 B주택, 공시가격 12억의 C주택을 보유하고 있다. 이때 2024년 종합부동산세는 다음과 같이 계산된다.

이주택씨 주택 보유 현황

계산구조	A주택 + B주택 + C주택
공시가격 합계	2,900,000,000 (29억)
(−) 공제금액	900,000,000 (9억)
(=) 공제 후 금액	2,000,000,000 (20억)
(x) 공정시장가액비율	60%
(=) 과세표준	1,200,000,000
(x) 세율(누진세율)	1.0%
(=) 산출세액	9,600,000
(−) 세액공제	−
(=) 납부세액	9,600,000

③ 3주택자의 종합부동산세 - 중과세율

이주택씨는 서울시 마포구에 위치한 공시가격 7억의 A주택과 공시가격 10억의 B주택, 공시가격 17억의 C주택을 보유하고 있다. 이때 2024년 종합부동산세는 다음과 같이 계산된다.

이주택씨 주택 보유 현황

계산구조	A주택 + B주택 + C주택
공시가격 합계	3,400,000,000 (34억)
(−) 공제금액	900,000,000 (9억)
(=) 공제 후 금액	2,500,000,000 (25억)
(x) 공정시장가액비율	60%
(=) 과세표준	1,500,000,000
(x) 세율(누진세율)	2.0%
(=) 산출세액	15,600,000
(−) 세액공제	−
(=) 납부세액	15,600,000

위 예시에서 다주택자 계산구조의 특징을 알 수 있다.

ㄱ. 공제금액

1세대 1주택자와 다르게 12억이 아닌 9억의 기본공제를 적용한다.

ㄴ. 세액공제

1세대 1주택자와 다르게 고령자 세액공제 및 장기보유 세액공제 적용이 불가하다.

ㄷ. 세율

3주택 이상자여도 과세표준이 12억 이하면 중과세율이 아닌 일반 세율을 적용한다.

과세표준	2주택 이하		3주택 이상	
	세율	누진공제	세율	누진공제
3억 이하	0.5%	-	0.5%	-
6억 이하	0.7%	60만원	0.7%	60만원
12억 이하	1.0%	240만원	1.0%	240만원
25억 이하	1.3%	600만원	2.0%	1,440만원
50억 이하	1.5%	1,100만원	3.0%	3,940만원
94억 이하	2.0%	3,600만원	4.0%	8,940만원
94억 초과	2.7%	10,180만원	5.0%	18,340만원

Chapter 03

법인의 종합부동산세

1. 주택 수의 판정

주택 수 판단시 다음의 주택을 제외하고는 모두 주택 수에 포함된다.

대분류	소분류	주택 수 판단시	과세표준 계산시
합산배제주택	ㄱ. 합산배제주택	제외	제외
특례주택	ㄴ. 상속주택	제외	포함
	ㄷ. 무허가주택 부속토지	제외	포함
	ㄹ. 소형 신축주택	제외	포함
	ㅁ. 미분양주택	제외	포함

합산배제주택(ㄱ)은 3주택 이상 중과세율 판단 시 주택 수에서 제외된다. 뿐만 아니라, 세액계산 시 과세표준에도 합산배제주택 가액을 포함하지 않는다.

특례주택(ㄴ~ㅁ)은 3주택 이상 중과세율 판단 시 주택 수에서 제외된다. 하지만, 위 경우와 다르게 세액계산 시 과세표준에는 특례주택의 가액을 포함한다.

ㄱ. 합산배제주택 - 주택 수 제외, 과세표준 제외

선의로 보유하고 있는 주택에 대해서는 종합부동산세 과세대상에서 제외해주는 합산배제 규정을 두고 있다. 즉, 주택 수 판정 시뿐만 아니라 종합부동산세 계산시 과세표준에서도 합산배제주택은 제외한다. 이는 2장의 4 합산배제 대상 주택 파트에서 살펴볼 수 있다.

ㄴ. 상속주택 - 주택 수 제외, 과세표준 포함

법인이 유증을 통해 상속을 원인으로 취득한 주택으로서 다음 중 어느 하나에 해당하는 것을 말한다.

① 과세기준일 현재 상속개시일부터 5년이 경과되지 않은 주택

② 지분율이 40% 이하인 주택

③ 지분율에 상당하는 공시가격이 6억(수도권 밖 3억) 이하인 주택

※ 위의 요건은 상속개시일 기준으로 판단하는 것이 아니라, 매년 과세기준일(6월 1일) 기준으로 판단한다. 따라서 상속개시일부터 5년도 경과되었고, 지분율에 상당하는 공시가격이 6억도 초과한다면 지분을 양도하여 40% 이하로 만들거나 6억(3억) 이하로 만들면 세율적용을 위한 주택 수 판단시 제외되는 특례주택으로 만들 수 있다.

ㄷ. 무허가주택 - 주택 수 제외, 과세표준 포함

타인의 땅에 허가 또는 신고를 하지 않고 건축하여 사용 중인 무허가 주택의 부속토지를 말한다.

2021년까지는 본인 소유 토지에 타인이 지은 무허가주택도 주택 수에 산입되었다. 하지만 무허가주택이 있다는 사실만으로 토지 소유자가 유주택자 및 다주택자로 세부담이 과중되는 것이 불합리하다는 것을 반영하여 2022년부터 무허가주택은 주택 수 산정시 제외되었다.

※ 단, 무허가주택 소유자가 토지 소유자와 같다면 무허가주택은 주택 수에서 제외될 이유가 없다.

ㄹ. 소형 신축주택 - 주택 수 제외, 과세표준 포함

24.01.10.~25.12.31. 중 취득한 주택으로서 다음 요건을 모두 충족한 것을 말한다.

① 전용면적 60㎡ 이하일 것
② 취득가액이 6억(수도권 밖 3억) 이하일 것
③ 준공시점이 24.01.10.~25.12.31.일 것
④ 아파트가 아닐 것

ㅁ. 미분양주택 - 주택 수 제외, 과세표준 포함

24.01.10.~25.12.31. 중 취득한 주택으로서 다음 요건을 모두 충족한 것을 말한다.

① 전용면적 85㎡ 이하일 것
② 취득가액이 6억 이하일 것
③ 주택 소재지가 비수도권일 것

2. 종합부동산세 계산 (더하고 곱하라)

① 2주택 법인의 종합부동산세 - 일반세율

종부법인은 서울시 마포구에 위치한 공시가격 9억의 A주택과 공시가격 20억의 B주택을 보유하고 있다. 이때 2024년 종합부동산세는 다음과 같이 계산된다.

(주)종부 주택 보유 현황

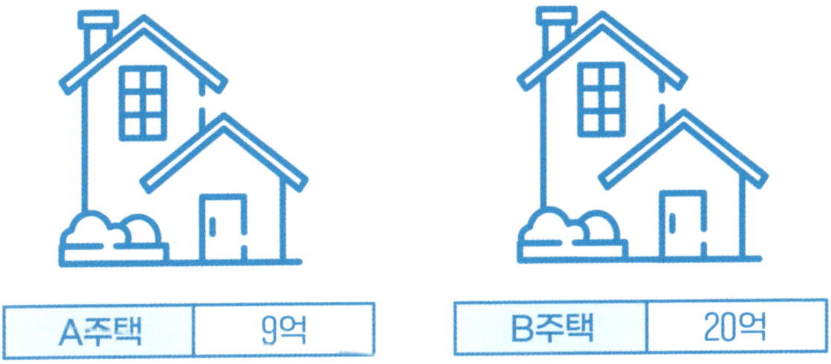

계산구조	A주택 + B주택
공시가격 합계	2,900,000,000 (29억)
(-) 공제금액	-
(=) 공제 후 금액	2,900,000,000 (29억)
(x) 공정시장가액비율	60%
(=) 과세표준	1,740,000,000
(x) 세율(단일세율)	2.7%
(=) 산출세액	46,980,000

② 3주택 법인의 종합부동산세 - 중과세율

종부법인은 서울시 마포구에 위치한 공시가격 7억의 A주택, 공시가격 10억의 B주택, 공시가격 12억의 C주택을 보유하고 있다. 이때 2024년 종합부동산세는 다음과 같이 계산된다.

(주)종부 주택 보유 현황

계산구조	A주택 + B주택 + C주택
공시가격 합계	2,900,000,000 (29억)
(-) 공제금액	-
(=) 공제 후 금액	2,900,000,000 (29억)
(x) 공정시장가액비율	60%
(=) 과세표준	1,740,000,000
(x) 세율(단일세율)	5.0%
(=) 산출세액	87,000,000

※ 위의 사례에서 볼 수 있듯이 동일한 주택을 보유하더라도, 법인이 3주택을 소유하는 경우 87,000,000원, 개인이 3주택을 소유

하는 경우 10,800,000원으로 세부담에서 큰 차이가 난다.
따라서 법인이 주택을 소유하는 경우에는 그 실익을 면밀하게 고려하여야 한다.

위 예시에서 법인 계산구조의 특징을 알 수 있다.

ㄱ. 공제금액

개인과 다르게 기본공제를 적용하지 않는다.

ㄴ. 세액공제

다주택자와 같이 고령자 세액공제 및 장기보유 세액공제가 불가하다.

ㄷ. 세율

2주택 이하 보유법인인 경우 2.7%의 일반세율을, 3주택 이상 보유법인인 경우 5.0%의 중과세율을 적용한다. 개인과 다르게 누진세율이 아닌 단일세율이 적용된다.

구분	2주택 이하	3주택 이상
단일세율	2.7%	5.0%

3. 공익법인 등 특례적용 법인

원칙적으로 법인은 종합부동산세 계산 시 공제금액도 적용되지 않고, 고율의 단일세율이 적용된다. 하지만 다음에 해당하는 경우, 법인 또는 법인으로 보는 단체인 경우에도 불구하고 9억의 공제금액 및 일반 누진세율을 적용할 수 있다.

① 취지

사회적 기업, 협동조합, 사업목적상 주택 취득이 필수적인 법인 등에 혜택을 주기 위함에 그 취지가 있다.

즉 공익법인, 종교단체, 종중, 주거 취약계층에 대하여 지원 사업을 하는 법인 및 법인으로 보는 단체에도 공제금액을 적용하지 않는 것이 불합리하다고 보아, 일반 공제금액을 적용하도록 2020년에 해당 규정이 신설되었다.

또한, 위 법인 및 법인으로 보는 단체에 고율의 법인 종합부동산세율을 부과하는 것이 종합부동산세 부과 취지에 맞지 않아, 일반 누진세율을 적용하도록 2021년에 해당 규정이 신설되었다.

② 특례내용

ㄱ. 공제금액

9억의 일반 공제금액을 적용할 수 있다.

ㄴ. 세율

A. 0.5%~2.7%의 누진세율 적용하는 경우

- 공익법인이 직접 공익목적사업에 사용하는 주택만을 보유한 경우
- 국가나 지방자치단체, 한국토지주택공사 등 공공주택사업자 또는 주택조합, 사업시행자, 사회적협동조합, 종중 등의 경우

과세표준	세율	누진공제
3억 이하	0.5%	-
6억 이하	0.7%	60만원
12억 이하	1.0%	240만원
25억 이하	1.3%	600만원
50억 이하	1.5%	1,100만원
94억 이하	2.0%	3,600만원
94억 초과	2.7%	10,180만원

B. 0.5%~5.0%의 누진세율 적용하는 경우

공익법인 등으로서 위에 해당하지 않는 경우

과세표준	2주택 이하		3주택 이상	
	세율	누진공제	세율	누진공제
3억 이하	0.5%	-	0.5%	-
6억 이하	0.7%	60만원	0.7%	60만원
12억 이하	1.0%	240만원	1.0%	240만원
25억 이하	1.3%	600만원	2.0%	1,440만원
50억 이하	1.5%	1,100만원	3.0%	3,940만원
94억 이하	2.0%	3,600만원	4.0%	8,940만원
94억 초과	2.7%	10,180만원	5.0%	18,340만원

4. 종합부동산세 계산

종부법인은 공시가격 30억의 A주택과 공시가격 50억의 B주택, 공시가격 100억의 C주택을 보유하고 있다. 이 때 2024년 종합부동산세는 다음과 같이 계산한다.

(주)종부 주택 보유 현황

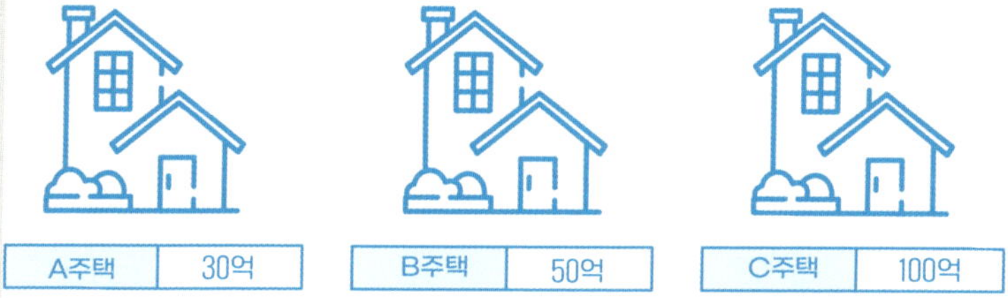

① 공익법인 등 특례적용 법인의 종합부동산세

계산구조	A주택 + B주택 + C주택
공시가격 합계	18,000,000,000 (180억)
(−) 공제금액	900,000,000 (9억)
(=) 공제 후 금액	17,100,000,000 (171억)
(x) 공정시장가액비율	60%
(=) 과세표준	10,260,000,000
(x) 세율(누진세율)	2.7%
(=) 산출세액	175,220,000

② 그 외 특례적용 법인의 종합부동산세

계산구조	A주택 + B주택 + C주택
공시가격 합계	18,000,000,000 (180억)
(−) 공제금액	900,000,000 (9억)
(=) 공제 후 금액	17,100,000,000 (171억)
(x) 공정시장가액비율	60%
(=) 과세표준	10,260,000,000
(x) 세율(누진세율)	5.0%
(=) 산출세액	329,600,000

③ 일반법인의 종합부동산세

계산구조	A주택 + B주택 + C주택
공시가격 합계	18,000,000,000 (180억)
(−) 공제금액	−
(=) 공제 후 금액	18,000,000,000 (180억)
(x) 공정시장가액비율	60%
(=) 과세표준	10,800,000,000
(x) 세율(단일세율)	5.0%
(=) 산출세액	540,000,000

위 법인임에도 특례신청을 하지 않았을 경우, 지금까지 종합부동산세를 과다하게 납부했을 수 있다. 따라서 특례적용 법인에 해당하는지 요건을 검토한 후 필요서류를 제출하여 특례적용을 받아야 한다.

즉, 특례적용 법인임에도 지금까지 일반 법인의 계산구조로 종합부동산세를 납부했을 경우에도 경정청구를 통하여 과다납부한 세액을 돌려받을 수 있다.

Chapter 04

합산배제 대상 주택

1. 종류

종합부동산세를 부과하지 않는 주택은 크게 두 가지로 분류된다.

구분	유형	개수
①	합산배제 대상 임대주택	9종류
②	특정 목적에 따라 보유 중인 주택	24종류

종합부동산세법은 고액의 부동산 보유자에 대하여 조세부담의 형평성을 제고하려는 데에 그 목적이 있다. 하지만 위 주택들은 이런 목적 하에 보유하고 있는 주택이 아니기 때문에 종합부동산세 계산 시 합산하지 않는다.

아래와 같이 총 33종류의 주택을 열거하고 있더라도 본인이 소유하고 있는 주택이 이에 해당되는 주택인지 일반인의 시선으로 구분하기가 어려울 것이다.

따라서 투자목적이 아니라 어쩔 수 없이 보유하는 상황이거나 타인을 위해 보유하는 상황이라면 합산배제 대상 주택에 포함될 가능성이 있다. 따라서 아래 요건을 충족하는지 전문가에게 의뢰하는 것이 절세의 지름길로 이끌 수 있다.

① 합산배제 대상 임대주택

합산배제 대상 임대주택이란, 「공공주택 특별법」 제4조에 따른 공공주택사업자 또는 「민간임대주택에 관한 특별법」 제2조 제7호에 따른 임대사업자로서 과세기준일 현재 관할 세무서에도 사업자등록을 한 자가 임대하거나 소유하고 있는 아래 어느 하나에 해당하는 주택을 말한다. 아래 주택들에 대하여는 부동산 보유에 대한 조세부담의 형평성을 제고할 필요가 없다. 따라서 종합부동산세 합산배제 제도를 통하여 과세하지 않고 있다.

<table>
<tr><th>①-1</th><th>건설임대주택</th></tr>
<tr><td>내용</td><td>ㄱ. 민간건설임대주택(「민간임대주택에 관한 특별법」 제2조 제2호)
ㄴ. 공공건설임대주택(「공공주택 특별법」 제2조 제1호의2)</td></tr>
<tr><td>조건</td><td>민간건설임대주택은 2018.3.31. 이전에 임대사업자등록과 사업자등록을 한 주택으로 한정한다.
<table>
<tr><th>주거전용면적</th><td>149㎡ 이하</td></tr>
<tr><th>주택 수</th><td>시도별 2호 이상</td></tr>
<tr><th>공시가격</th><td>9억 이하</td></tr>
<tr><th>임대기간</th><td>5년 이상</td></tr>
<tr><th>임대료</th><td>증가율 5% 이하 , 1년 내 재증액 금지</td></tr>
</table></td></tr>
</table>

*공시가격 :

2호 이상 주택 임대를 개시한 날(2호 이상의 주택 임대개시일 이후 임대한 주택의 경우에는 그 주택의 임대개시일) 또는 최초 합산배제신고 연도의 과세기준일 현재 공시가격

*9억 조건 :

2021년 2월 17일 이후 「건축법」 제22조에 따라 사용승인을 받거나 「주택법」 제49조에 따라 사용검사 확인증을 받는 건설임대주택부터 적용

*임대료 증가율 관련 :

「공공주택 특별법」 제49조 제4항에 따라 임대료등을 증액하는 경우에는 다목 전단을 적용하지 않으며, 임대사업자가 임대료등의 증액을 청구하면서 임대보증금과 월임대료를 상호 간에 전환하는 경우에는 「민간임대주택에 관한 특별법」 제44조 제4항 및 「공공주택 특별법 시행령」 제44조 제3항에 따라 정한 기준을 준용

<table>
<tr><th>①-2</th><th>매입임대주택</th></tr>
<tr><td>내용</td><td>ㄱ. 민간매입임대주택(「민간임대주택에 관한 특별법」 제2조 제3호)
ㄴ. 공공매입임대주택(「공공주택 특별법」 제2조 제1호의3)</td></tr>
<tr><td>조건</td><td>민간매입임대주택은 2018.3.31. 이전에 임대사업자등록과 사업자등록을 한 주택으로 한정한다.
<table>
<tr><th>주거전용면적</th><td>-</td></tr>
<tr><th>주택 수</th><td>전국 1호 이상</td></tr>
<tr><th>공시가격</th><td>6억 이하
(비수도권 3억 이하)</td></tr>
<tr><th>임대기간</th><td>5년 이상</td></tr>
<tr><th>임대료</th><td>증가율 5% 이하, 1년 내 재증액 금지</td></tr>
</table>
*공시가격 관련 :
해당 주택 임대를 개시한 날 또는 최초 합산배제신고 연도의 과세기준일 현재 공시가격

*임대료 증가율 관련 :
「공공주택 특별법」 제49조 제4항에 따라 임대료등을 증액하는 경우에는 다목 전단을 적용하지 않으며, 임대사업자가 임대료등의 증액을 청구하면서 임대보증금과 월임대료를 상호 간에 전환하는 경우에는 「민간임대주택에 관한 특별법」 제44조 제4항 및 「공공주택 특별법 시행령」 제44조 제3항에 따라 정한 기준을 준용</td></tr>
</table>

①-3	기존임대주택
내용	임대사업자의 지위에서 2005.1.5. 이전부터 임대하던 주택
조건	주거전용면적: 국민주택규모 이하 주택 수: 전국 2호 이상 공시가격: 3억 이하 임대기간: 5년 이상 임대료: - *국민주택규모 관련 : 전용면적 85㎡(단, 수도권을 제외한 도시지역 외 읍·면지역 100㎡) 이하 *공시가격 관련 : 해당 주택의 2005년도 과세기준일 현재 공시가격

주거전용면적	국민주택규모 이하
주택 수	전국 2호 이상
공시가격	3억 이하
임대기간	5년 이상
임대료	-

①-4	미임대 민간건설임대주택
내용	민간건설임대주택(「민간임대주택에 관한 특별법」 제2조 제2호)
조건	「건축법」 제22조에 따른 사용승인을 받은 날 또는 「주택법」 제49조에 따른 사용검사 후 사용검사필증을 받은 날부터 과세기준일까지의 기간 동안 임대된 사실이 없고, 그 임대되지 아니한 기간이 2년 이내인 주택 주거전용면적: 149㎡ 이하 주택 수: - 공시가격: 9억 이하 임대기간: - 임대료: - *공시가격 관련 : 합산배제신고를 한 연도의 과세기준일 현재의 공시가격

주거전용면적	149㎡ 이하
주택 수	-
공시가격	9억 이하
임대기간	-
임대료	-

<table>
<tr><td></td><td>*9억 관련 :
2021년 2월 17일 이후 「건축법」 제22조에 따라 사용승인을 받거나 「주택법」 제49조에 따라 사용검사 확인증을 받는 건설임대주택부터 적용</td></tr>
</table>

<table>
<tr><th>①-5</th><th>리츠·펀드 매입임대주택</th></tr>
<tr><td>내용</td><td>「부동산투자회사법」 제2조 제1호에 따른 부동산투자회사 또는 「간접투자자산 운용업법」 제27조 제3호에 따른 부동산간접투자기구가 2008.1.1.부터 2008.12.31.까지 취득 및 임대하는 비수도권 소재 매입임대주택</td></tr>
<tr><td>조건</td><td><table>
<tr><th>주거전용면적</th><td>149㎡ 이하</td></tr>
<tr><th>주택 수</th><td>비수도권 5호 이상</td></tr>
<tr><th>공시가격</th><td>6억 이하</td></tr>
<tr><th>임대기간</th><td>10년 이상</td></tr>
<tr><th>임대료</th><td>-</td></tr>
</table>
*공시가격 관련 :
2008년도 과세기준일의 공시가격</td></tr>
</table>

<table>
<tr><th>①-6</th><th>미분양 매입임대주택</th></tr>
<tr><td>내용</td><td>「비수도권 소재 매입임대주택(미분양주택*으로서 2008.6.11.부터 2009.6.30. 까지 최초로 분양계약을 체결하고 계약금을 납부한 주택에 한정)</td></tr>
<tr><td>조건</td><td>
<table>
<tr><td>주거전용면적</td><td>149㎡ 이하</td></tr>
<tr><td>주택 수</td><td>비수도권 5호 이상</td></tr>
<tr><td>공시가격</td><td>3억 이하*</td></tr>
<tr><td>임대기간</td><td>5년 이상</td></tr>
<tr><td>임대료</td><td>-</td></tr>
</table>
*공시가격 관련 :
5호 이상 주택의 임대를 개시한 날 또는 최초 합산배제 신고연도의 과세기준일 현재 공시가격

*미분양주택 요건 :
「주택법」 제54조에 따른 사업주체가 같은 조에 따라 공급하는 주택으로서 입주자모집공고에 따른 입주자 계약일이 지난 주택단지에서 2008.6.10. 까지 분양계약이 체결되지 아니하여 선착순의 방법으로 공급하는 주택

*종전의 「민간임대주택에 관한 특별법」 제2조 제6호에 따른 단기민간임대주택으로서 2020.7.11. 이후 같은 법 제5조 제3항에 따라 공공지원민간임대주택 또는 장기일반민간임대주택으로 변경신고한 주택 합산배제 대상 제외
</td></tr>
</table>

<table>
<tr><th>①-7</th><th>건설임대주택 중 장기일반민간임대주택등(준공공임대주택등)</th></tr>
<tr><td>내용</td><td>ㄱ. 건설임대주택 중 「민간임대주택에 관한 특별법」 제2조 제4호에 따른 공공지원민간임대주택(기업형임대주택)
ㄴ. 같은 조 제5호에 따른 장기일반민간임대주택(준공공임대주택)</td></tr>
<tr><td>조건</td><td>
<table>
<tr><th>주거전용면적</th><td>149㎡ 이하</td></tr>
<tr><th>주택 수</th><td>시도별 2호 이상</td></tr>
<tr><th>공시가격</th><td>9억 이하</td></tr>
<tr><th>임대기간</th><td>10년 이상</td></tr>
<tr><th>임대료</th><td>증가율 5% 이하, 1년 내 재증액 금지</td></tr>
</table>
*공시가격 관련 :
2호 이상 주택 임대를 개시한 날(2호 이상의 주택 임대개시일 이후 임대한 주택의 경우에는 그 주택의 임대개시일) 또는 최초 합산배제신고 연도의 과세기준일 현재 공시가격

*9억 관련 :
2021년 2월 17일 이후 「건축법」 제22조에 따라 사용승인을 받거나 「주택법」 제49조에 따라 사용검사 확인증을 받는 건설임대주택부터 적용

*임대기간 관련 :
2020.8.18. 이후 「민간임대주택에 관한 특별법」 제5조 제1항에 따라 등록 신청한 경우부터 적용

*임대료 증액 관련 :
임대보증금과 월임대료를 상호 간에 전환하는 경우에는 「민간임대주택에 관한 특별법」 제44조 제4항 및 「공공주택 특별법 시행령」 제44조 제3항에 따라 정한 기준을 준용
</td></tr>
</table>

<table>
<tr><th>①-8</th><th>매입임대주택 중 장기일반민간임대주택등(준공공임대주택등)</th></tr>
<tr><td>내용</td><td>ㄱ. 매입임대주택 중 「민간임대주택에 관한 특별법」 제2조 제4호에 따른 공공지원민간임대주택(기업형임대주택)
ㄴ. 같은 조 제5호에 따른 장기일반민간임대주택(준공공임대주택)</td></tr>
<tr><td>조건</td><td>
<table>
<tr><th>주거전용면적</th><td>-</td></tr>
<tr><th>주택 수</th><td>전국 1호 이상</td></tr>
<tr><th>공시가격</th><td>6억 이하
(수도권 밖 3억 이하)</td></tr>
<tr><th>임대기간</th><td>10년 이상</td></tr>
<tr><th>임대료</th><td>증가율 5% 이하, 1년 내 재증액 금지</td></tr>
</table>
*개인 :
1세대가 국내에 1주택 이상을 보유한 상태에서 2018.9.14. 이후 새로이 취득한 조정대상지역에 있는 장기일반민간임대주택은 합산배제 대상 제외

*법인 :
법인 또는 법인으로 보는 단체가 조정대상지역 내 주택을 2020.6.18. 이후 임대주택으로 등록신청하는 경우 합산배제 대상 제외

*2020.7.11. 이후 종전의 「민간임대주택에 관한 특별법」 제5조 제1항에 따라 등록 신청한 장기일반민간임대주택 중 아파트를 임대하는 민간매입임대주택은 합산배제 대상 제외

*종전의 「민간임대주택에 관한 특별법」 제2조 제6호에 따른 단기민간임대주택으로서 2020.7.11. 이후 같은 법 제5조 제3항에 따라 공공지원민간임대주택 또는 장기일반민간임대주택으로 변경신고한 주택 합산배제 대상 제외

*공시가격 관련 :
해당 주택 임대를 개시한 날 또는 최초 합산배제신고 연도의 과세기준일 현재 공시가격
</td></tr>
</table>

	*임대기간 관련 : 2020.8.18. 이후 「민간임대주택에 관한 특별법」 제5조 제1항에 따라 등록 신청한 경우부터 적용 *임대료 증액 관련 : 임대보증금과 월임대료를 상호 간에 전환하는 경우에는 「민간임대주택에 관한 특별법」 제44조 제4항 및 「공공주택 특별법 시행령」 제44조 제3항에 따라 정한 기준을 준용

①-9	분양전환공공임대주택 중 미분양된 주택
내용	①-1.에 해당하는 공공건설임대주택 또는 ①-2에 해당하는 공공매입임대주택 중 「공공주택 특별법 시행령」 제2조 제1항 제5호에 따른 분양전환공공임대주택
조건	같은 영 제54조에 따른 임대의무기간이 만료된 후 분양전환이 이루어지지 않은 주택(임대의무기간 만료일의 다음 날부터 2년 이내인 경우로 한정)

② 특정 목적에 따라 보유 중인 주택

특정 목적에 따라 보유 중인 주택이란, 회사가 근로자의 복리 후생을 위해 보유하고 있는 주택이나 아파트 단지 내 어린이집 같은 주택을 말한다. 아래 주택들에 대하여는 부동산 보유에 대한 조세부담의 형평성을 제고할 필요가 없다. 따라서 종합부동산세 합산배제 제도를 통하여 과세하지 않고 있다.

필자의 고객사 중에서도, 사원 제공용으로 보유 중인 아파트에 대해서 2019년도부터 종합부동산세가 부과되었지만 고객사는 종합부동산세를 아낄 수 있다는 사실을 인지하지 못한 사례가 있었다.

이런 경우에는 뒤 목차에 있는 경정청구라는 제도를 통해서 환급받을 수 있다.

②-1	사원용주택
내용	종업원의 주거를 위해 무상이나 저가로 제공하는 사용자 소유의 국민주택 규모 이하이거나 과세기준일 현재 공시가격이 6억 이하인 주택
조건	*저가 요건 : 전세금 또는 임대보증금(월세가 있는 경우 「부가가치세법 시행규칙」 제47조에 따른 1년만기 정기예금의 이자율(2023년 2.9%)을 적용하여 1년으로 환산한 금액을 포함)이 주택 공시가격의 10% 이하일 것 *국민주택규모 : 전용면적 85㎡(단, 수도권을 제외한 도시지역 외 읍·면지역 100㎡) 이하 *특수관계인 요건 : 개인사용자와 종업원이 「국세기본법 시행령」 제1조의2 제1항 각 호의 어느 하나에 해당하는 친족관계인 경우, 법인사용자와 종업원이 「국세기본법」 제39조 제2호에 따른 과점주주인 경우는 합산배제 대상 제외

②-2	기숙사(학생 또는 종업원 등의 주거에 제공)
내용	「건축법 시행령」 별표1 제2호 라목에서 규정하는 기숙사
조건	*일반기숙사 : 학교 또는 공장 등의 학생 또는 종업원 등을 위하여 사용하는 것으로서 해당 기숙사의 공동취사시설 이용 세대 수가 전체 세대 수(건축물의 일부를 기숙사로 사용하는 경우에는 기숙사로 사용하는 세대 수로 한다)의 50% 이상인 것(「교육기본법」 제27조 제2항에 따른 학생복지주택을 포함한다) *임대형기숙사 : 「공공주택 특별법」 제4조에 따른 공공주택사업자 또는 「민간임대주택에 관한 특별법」 제2조 제7호에 따른 임대사업자가 임대사업에 사용하는 것으로서 임대 목적에 제공하는 실이 20실 이상이고 해당 기숙사의 공동취사시설 이용 세대 수가 전체 세대 수의 50% 이상인 것

②-3	주택건설업자의 미분양주택
내용	과세기준일 현재 사업자등록을 한 다음 「주택법」에 의한 사업계획승인 얻은 자(「건축법」에 의한 허가를 받은 자 포함)가 건축하여 소유하는 주택으로서 2005.1.1. 이후에 주택분 재산세 납세의무가 최초로 성립하는 날부터 5년이 경과하지 아니한 미분양주택

②-4	어린이집용 주택
내용	「영유아 보호법」에 따라 세대원이 시장·군수·구청장의 인가를 받거나 운영을 위탁받은 어린이집으로 관할 세무서에서 고유번호를 부여받고 과세기준일 현재 5년 이상 계속하여 어린이집으로 운영하는 주택

②-5	시공자가 대물변제 받은 미분양주택
내용	주택의 시공자가 「주택법」에 의한 사업계획승인 얻은 자로부터 해당 주택의 공사대금으로 받은 미분양주택(③에 따른 주택건설업자의 미분양주택에 해당하는 주택을 말함)으로서 주택분 재산세 납세의무가 최초로 성립하는 날부터 5년이 경과하지 아니한 주택

※ 6호 삭제

②-7	연구원용 사택
내용	「정부출연연구기관 등의 설립·운영 및 육성에 관한 법률」, 「과학기술분야 정부출연연구기관 등의 설립·운영 및 육성에 관한 법률」,「한국국방연구원법」 및 「국방과학연구소법」에 따라 설립되거나 「특정연구기관육성법」의 적용을 받는 연구기관이 해당 연구기관의 연구원에게 제공하는 주택으로서 2008.12.31. 현재 보유하고 있는 사택

②-8	등록문화재 주택
내용	「문화재보호법」에 따른 등록문화재 주택

②-9	「부동산투자회사법」 등에 따라 취득하는 주택
내용	각 호의 요건을 모두 갖춘 기업구조조정부동산투자회사 또는 부동산집합투자기구가 2010년 2월 11일까지 직접 취득(2010년 2월 11일까지 매매계약을 체결하고 계약금을 납부한 경우를 포함한다)을 하는 **미분양주택**
조건	가. 취득하는 부동산이 모두 서울특별시 밖의 지역(「소득세법」 제104조의 2에 따른 지정지역은 제외한다)에 있는 미분양주택으로서 그 중 수도권 밖의 지역에 있는 주택수의 비율이 100분의 60 이상일 것 나. 존립기간이 5년 이내일 것

②-10	매입약정에 따라 매입한 미분양 주택
내용	제9호, 제14호 또는 제16호에 따라 기업구조조정부동산투자회사등이 미분양주택을 취득할 당시 매입약정을 체결한 자가 그 매입약정에 따라 미분양주택(제14호의 경우에는 수도권 밖의 지역에 있는 미분양주택만 해당한다)을 취득한 경우로서 그 취득일부터 3년 이내인 주택

②-11	신탁업자가 직접 취득하는 주택
내용	다음 각 목의 요건을 모두 갖춘 신탁계약에 따른 신탁재산으로 「자본시장과 금융투자업에 관한 법률」에 따른 신탁업자(이하 "신탁업자"라 한다)가 2010년 2월 11일까지 직접 취득(2010년 2월 11일까지 매매계약을 체결하고 계약금을 납부한 경우를 포함한다)을 하는 미분양주택 * 신탁업자가 다수의 시공자로부터 금전을 신탁받은 경우에는 해당 신탁업자가 신탁재산으로 취득한 전체 미분양주택을 기준으로 한다.
조건	가. 주택의 시공자가 채권을 발행하여 조달한 금전을 신탁업자에게 신탁하고, 해당 시공자가 발행하는 채권을 「한국주택금융공사법」에 따른 한국주택금융공사의 신용보증을 받아 「자산유동화에 관한 법률」에 따라 유동화 할 것 나. 신탁업자가 신탁재산으로 취득하는 부동산은 모두 서울특별시 밖의 지역에 있는 미분양주택으로서 그 중 수도권 밖의 지역에 있는 주택수의 비율이 100분의 60 이상일 것 다. 신탁재산의 운용기간(신탁계약이 연장되는 경우 그 연장되는 기간을 포함한다)이 5년 이내일 것

②-12	노인복지주택
내용	「노인복지법」 제33조 제2항에 따라 설치한 자가 소유한 같은 법 제32조 제1항 제3호에 따른 노인복지주택

②-13	향교 또는 향교재단이 소유한 주택의 부속토지
내용	「향교재산법」에 따른 향교 또는 향교재단이 소유한 주택의 부속토지

②-14	기업구조조정부동산투자회사 등이 직접 취득하는 주택
내용	기업구조조정부동산투자회사등이 2011년 4월 30일까지 직접 취득(2011년 4월 30일까지 매매계약을 체결하고 계약금을 납부한 경우를 포함한다)하는 수도권 밖의 지역에 있는 미분양주택
조건	가. 취득하는 부동산이 모두 서울특별시 밖의 지역에 있는 2010년 2월 11일 현재 미분양주택으로서 그 중 수도권 밖의 지역에 있는 주택수의 비율이 100분의 50 이상일 것 나. 존립기간이 5년 이내일 것

②-15	신탁업자가 취득하는 주택(2)
내용	신탁계약에 따른 신탁재산으로 「자본시장과 금융투자업에 관한 법률」에 따른 신탁업자가 2011년 4월 30일까지 직접 취득(2011년 4월 30일까지 매매계약을 체결하고 계약금을 납부한 경우를 포함한다)하는 수도권 밖의 지역에 있는 미분양주택
조건	가. 시공자가 채권을 발행하여 조달한 금전을 신탁업자에게 신탁하고, 해당 시공자가 발행하는 채권을 「한국주택금융공사법」에 따른 한국주택금융공사의 신용보증을 받아 「자산유동화에 관한 법률」에 따라 유동화할 것 나. 신탁업자가 신탁재산으로 취득하는 부동산은 모두 서울특별시 밖의 지역에 있는 2010년 2월 11일 현재 미분양주택(「주택도시기금법」에 따른 주택도시보증공사가 분양보증을 하여 준공하는 주택만 해당한다)으로서 그 중 수도권 밖의 지역에 있는 주택수의 비율(신탁업자가 다수의 시공자로부터 금전을 신탁받은 경우에는 해당 신탁업자가 신탁재산으로 취득한 전체 미분양주택을 기준으로 한다)이 100분의 50 이상일 것 다. 신탁재산의 운용기간(신탁계약이 연장되는 경우 그 연장되는 기간을 포함한다)은 5년 이내일 것

②-16	기업구조조정부동산투자회사등 취득하는 주택(2)
내용	다음 각 목의 요건을 모두 갖춘 기업구조조정부동산투자회사등이 2014년 12월 31일까지 직접 취득(2014년 12월 31일까지 매매계약을 체결하고 계약금을 납부한 경우를 포함한다)하는 미분양주택
조건	가. 취득하는 부동산이 모두 미분양주택일 것 나. 존립기간이 5년 이내일 것

②-17	신탁업자가 취득하는 주택(3)
내용	각 목의 요건을 모두 갖춘 신탁계약에 따른 신탁재산으로 「자본시장과 금융투자업에 관한 법률」에 따른 신탁업자가 2012년 12월 31일까지 직접 취득(2012년 12월 31일까지 매매계약을 체결하고 계약금을 납부한 경우를 포함한다)하는 미분양주택(「주택도시기금법」에 따른 주택도시보증공사가 분양보증을 하여 준공하는 주택만 해당한다)
조건	가. 시공자가 채권을 발행하여 조달한 금전을 신탁업자에게 신탁하고, 해당 시공자가 발행하는 채권을 「한국주택금융공사법」에 따른 한국주택금융공사의 신용보증을 받아 「자산유동화에 관한 법률」에 따라 유동화할 것 나. 신탁재산의 운용기간(신탁계약이 연장되는 경우 그 연장되는 기간을 포함한다)이 5년 이내일 것

②-18	주택매수의 청구에 따라 사업자가 취득하여 보유하는 주택
내용	「송·변전설비 주변지역의 보상 및 지원에 관한 법률」 제5조에 따른 주택매수의 청구에 따라 사업자가 취득하여 보유하는 주택

②-19	한국토지주택공사가 공동으로 출자하여 설립한 부동산투자회사 또는 기획재정부령으로 정하는 기관이 매입하는 주택
내용	각 목의 요건을 모두 갖춘 주택
조건	가. 매입 시점에 거주자가 거주하고 있는 주택으로서 해당 주택 외에 거주자가 속한 세대가 보유하고 있는 주택이 없을 것 나. 해당 거주자에게 매입한 주택을 5년 이상 임대하고 임대기간 종료 후에 그 주택을 재매입할 수 있는 권리를 부여할 것 다. 매입 당시 해당 주택의 공시가격이 5억 이하일 것

②-20	토지임대부 분양주택의 부속토지
내용	「주택법」 제2조 제9호에 따른 토지임대부 분양주택의 부속토지

②-21	멸실예정 주택
내용	다음 어느 하나의 자가 주택건설사업을 위하여 멸실시킬 목적으로 취득하여 취득일로부터 3년 이내 멸실시키는 주택 ㄱ.「공공주택 특별법」 제4조에 따른 공공주택사업자 ㄴ.「도시 및 주거환경정비법」 제24조부터 제28조까지의 규정에 따른 사업시행자 ㄷ.「도시재생 활성화 및 지원에 관한 특별법」 제44조에 따라 지정된 혁신지구재생사업의 시행자 ㄹ.「빈집 및 소규모주택 정비에 관한 특례법」 제17조, 제18조 및 제19조에 따른 사업시행자 ㅁ.「주택법」에 따른 주택조합 및 같은 법 제4조 제1항 본문에 따라 등록한 주택건설사업자(같은 항 단서에 해당하여 등록하지 않은 자를 포함한다)

②-22	공공건설/매입임대주택의 부속토지
내용	「종합부동산세법 시행령」 제3조 제1항 제1호에 따른 합산배제 임대주택에 해당하는 공공건설임대주택 또는 같은 항 제2호에 따라 합산배제 임대주택에 해당하는 공공매입임대주택의 부속토지

②-23	장기일반민간임대주택등의 부속토지
내용	「종합부동산세법 시행령」 제3조 제1항 제7호 또는 제8호에 따른 합산배제 임대주택에 해당하는 장기일반민간임대주택등의 부속토지(주택의 건물과 부속토지의 소유자가 다른 경우의 그 부속토지를 말한다)로서 그 소유자가 「공공주택 특별법」 제4조에 따른 공공주택사업자에 해당하는 주택

②-24	전통사찰보존지 내 주택의 부속토지
내용	「전통사찰의 보존 및 지원에 관한 법률」 제2조 제3호에 따른 전통사찰보존지 내 주택의 부속토지(주택의 건물과 부속토지의 소유자가 다른 경우의 그 부속토지를 말한다)로서 그 연간 사용료가 해당 부속토지 공시가격의 1천분의 20 이하인 부속토지

②-25	공공주택사업자의 지분적립형 분양주택
내용	「공공주택 특별법」 제2조 제1호의4에 따른 지분적립형 분양주택(주택지분의 일부를 소유하는 경우에는 해당 지분)
조건	ㄱ. 주택 유형 공공주택사업자가 직접 건설하거나 매매 등으로 취득하여 공급하는 공공분양주택일 것 ㄴ. 소유권 공유기간 20년 이상 30년 이하일 것 ㄷ. 지분적립 비율 10퍼센트 이상 25퍼센트 이하일 것 *소유권 공유기간 관련 : 20년 이상 30년 이하 범위에서 해당 주택을 공급받을 자가 선택 *지분적립 비율 관련 : 10퍼센트 이상 25퍼센트 이하 범위에서 공공주택사업자가 정하는 비율에 따라 회차별로 지분을 적립하여 취득 *지분적립 시 이자 : 최초 지분 취득일과 추가 지분 취득일에 각각 적용되는 「은행법」에 따른 은행의 1년 만기 정기예금 평균이자율을 산술평균한 이자율을 적용한 이자

예규살펴보기

[합산배제 사원용주택의 임대료 요건을 매년 6/1에 판단하는지 - 여]
서면부동산2021-47(2021.4.9.)

[제목] 합산배제 사원용주택등 요건 충족 여부 판단 기준일

[요약] 「종합부동산세법 시행령」 제4조 제1항 제1호 각 목 외의 부분 본문에서 "저가로 제공하는 사용자 소유의 주택"을 판정함에 있어 종업원이 부담하는 전세금 또는 임대보증금이 저가인지 여부를 판단하는 기준일은 종합부동산세 과세기준일인 6월 1일임.

[비거주자도 합산배제 임대주택 규정을 적용받을 수 있는지 - 여]
서면부동산2022-4552(2023.3.21.)

[제목] 비거주자가 소유한 주택의 합산배제 임대주택 규정 적용 가능 여부

[요약] 비거주자가 소유한 주택도 합산배제 임대주택 규정을 적용받을 수 있음.

[지방자치단체에 임대사업자 등록을 하지 않은 주택이 종합부동산세 합산배제를 적용받을 수 있는지 - 부]
조심2021서2042(2021.6.21.)

[제목] 지방자치단체 임대사업자 등록 없이 종합부동산세 합산배제를 적용받은 피상속인의 임대주택을 승계하여 계속 임대사업을 하고 있으므로 쟁점주택을 종합부동산세 합산배제 대상인 임대주택으로 보아야 한다는 청구주장의 당부

[요약] 종합부동산세법 제8조 제2항 제1호, 같은 법 시행령 제3조 제1항, 민간임대주택에 관한 특별법 제2조 제7호의 각 규정에 의하면 임대주택으로서 종합부동산세 합산배제대상이 되기 위해서는 시장, 군수, 구청장에게 등록을 신청하여 민간임대주택에 관한 특별법에 따른 임대사업자등록을 해야 하는 것으로 해석되는 점 등에 비추어 쟁점주택을 종합부동산세 합산배제 대상인 임대주택으로 보아야 한다는 청구주장은 받아들이기 어려운 것으로 판단됨.

[합산배제 임대주택을 합산배제 신청하지 않은 경우 종합부동산세 합산과세한 것이 타당한지 - 부]

조심2008서3437(2009.2.11.)

[제목] 합산배제 임대주택을 합산배제 신청을 하지 않은 경우 종합부동산세 합산과세의 당부

[요약] 합산배제 임대주택의 요건을 충족하고 있으면 합산배제 신청을 하지 아니하더라도 과세표준 합산의 대상이 되는 주택의 범위에 포함되지 아니하는 것임.

※ 이 경우, 경정청구로 과다하게 납부한 세액을 돌려받으면 된다.

[신고기한 내에 합산배제 신청을 하지 않아도 합산배제가 가능한지 - 여]

심사종부2007-6(2007.2.13.)

[제목] 청구인이 종합부동산세 신고기한(2005.12.15.)이 경과한 후 2006.1.25.에 임대주택 합산배제신청서와 함께 종합부동산세를 신고하였다 하여 임대주택을 합산하여 종합부동산세를 과세한 처분의 당부

[요약] 임대주택 과세표준합산배제신청이 합산배제의 필수적요건(신청감면)이라고 보기 어려우므로 합산배제 대상인 것으로 판단된다는 사례.

[합산배제 임대주택을 포괄양수하는 경우에 임대사업자등록일도 승계되는지 - 여]

심사종부2023-17(2023.5.3.)

[제목] 기존 임대사업자로부터 포괄적 승계 취득 시에도 임대사업자등록일은 승계되지 않음.

[요약] 종합부동산세 합산배제 대상인지에 대한 판단 시 기존 임대사업자로부터 임대주택에 관한 의무사항을 포괄적으로 승계하여 임대주택을 취득한 경우에도 임대사업등록일이 승계되는 것은 아님.

[합산배제 임대주택 임대일이 2018.9.13. 이후여도 합산배제 적용 가능한지 - 부]
서면부동산2020-3467(2023.4.10.)

[제목] 조정대상지역 오피스텔 분양권을 '18.9.13. 이전에 계약하고 '18.9.14. 이후 주택임대 시 종부령 §3①(8) 합산배제 적용 가능 여부

[요약] 조정대상지역 오피스텔 분양권을 '18.9.13. 이전에 계약하고 '18.9.14. 이후 주택임대 시 종부령 §3①(8)에 따른 합산배제 적용 불가함.

2. 신청방법

합산배제 신청은 홈택스를 통하여 할 수 있다. 다음과 같이 직접 신청하거나 세무대리인에게 위임할 수 있다.

1) 홈택스 로그인 〉 '종합부동산세 합산배제신고' 검색 〉 기본정보 작성

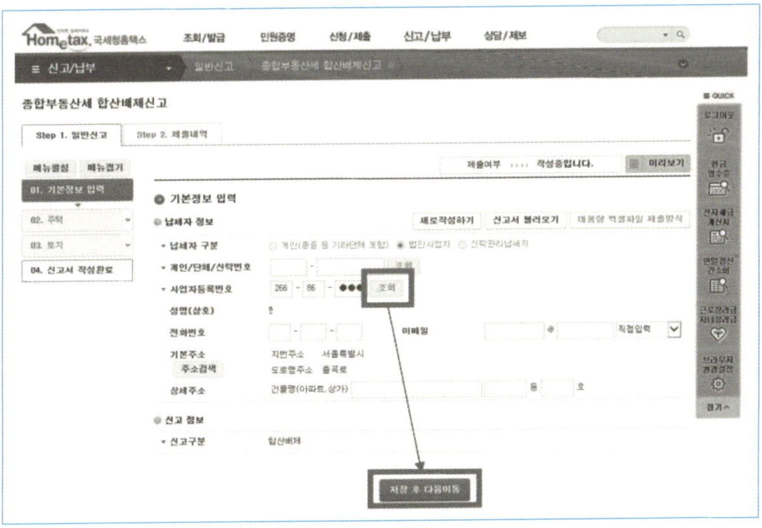

2) 소유주택 조회 〉 목록 검증

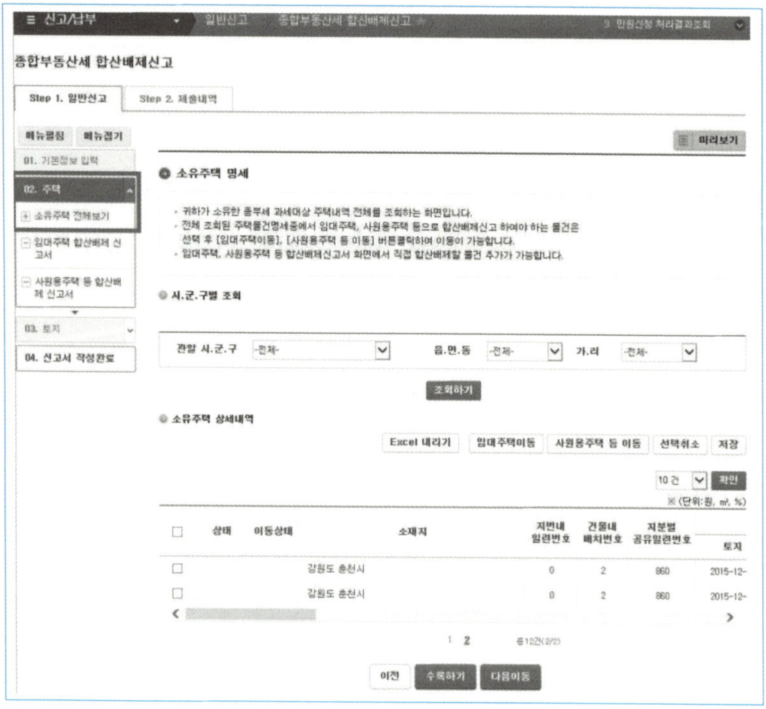

3) 소유주택 중 합산배제 대상 클릭 〉 '임대주택이동', '사원용주택 등 이동' 해당 사유 클릭 〉 '수록하기'

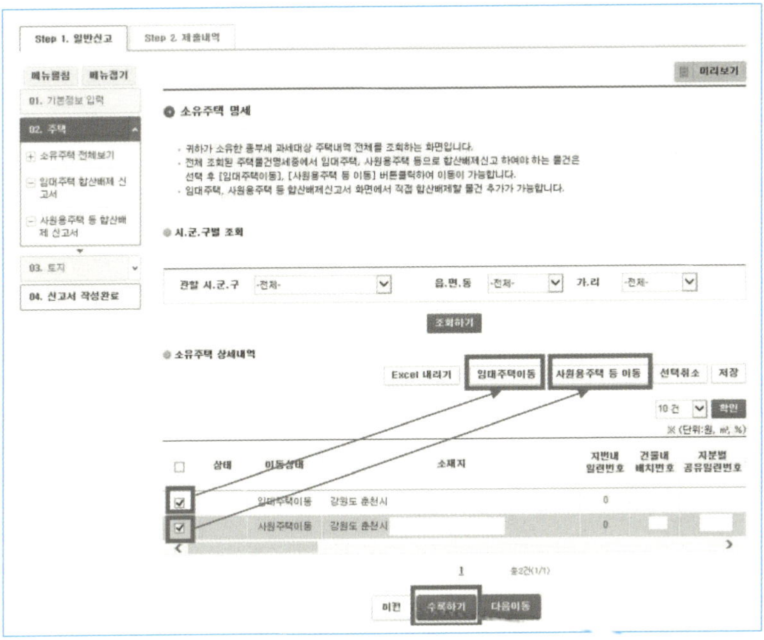

4) 오류가 있는 경우 세부정보 검증 후 입력

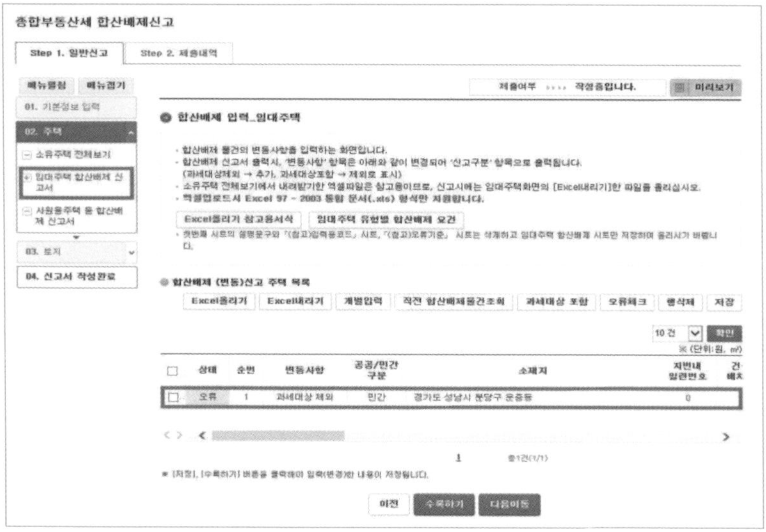

5) 토지도 같은 방식으로 작성 후 최종 신고내역 확인하기

6) 신고서 제출 ➜ 신고 완료

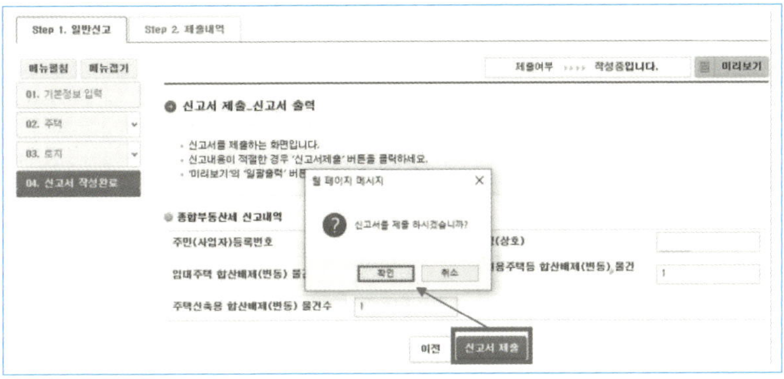

3. 유의사항

1) 합산배제 신고 후 계속 합산배제 요건을 충족하는 경우

변동사항이 없는 경우에는 신고할 필요가 없다.

다만, 과세대상 물건에 변동사항(소유권·면적 등)이 있는 경우에만 신고기간 내에 물건 변동내역을 반영하여 신고하면 된다.

2) 합산배제 신고 후 합산배제 요건을 불충족하게 된 경우

합산배제 '제외' 신고를 하여야 한다.

기존 합산배제 적용 주택이 임대료 상한을 초과하거나 자동말소되어 합산배제 요건을 충족하지 못하게 된 경우 합산배제 제외 신고를 하여야 한다.

합산배제 제외 신고를 하지 않았을 경우 경감받은 세액과 이자상당액을 포함하여 추가로 납부하여야 한다.

대부분이 합산배제 신고는 알지만, 합산배제 제외 신고에 대해서는 모르고 있기 때문에 이를 이행하지 않아 가산세까지 납부하는 경우가 종종 있다.

따라서 합산배제 요건을 불충족하게 된 과세연도에는 합산배제 제외 신고를 꼭 이행하여야 한다.

PART

03

토지에 대한 종합부동산세

PART

03

토지에 대한 종합부동산세

Chapter 01

토지의 분류

토지의 종합부동산세는 재산세 분류를 따른다. 따라서 토지의 재산세 부과내역을 알아야 종합부동산세 과세대상 여부를 판단할 수 있다.

1. 재산세

우리나라의 토지는 좁기 때문에 그 사용 또한 상당히 제한적이다. 따라서 다음과 같이 토지의 이용현황에 따라 재산세율을 달리 부과한다.

① 분리과세대상

특정 용도로 쓰이는 토지로, 다른 토지와 분리하여 따로 과세한다. 농업용 토지 등은 세부담이 매우 적은 반면, 사치성 토지는 세부담이 매우 높다.

- 전, 답, 임야, 과수원, 목장용지(도시지역 제외), 일정 면적 이내의 공장용지: 0.07% (세부담 低)
- 골프장, 고급오락장용: 4% (세부담 高)
- 이 외: 0.2%

② 별도합산과세대상

사업용으로 사용하고 있다는 점을 감안하여 세부담이 비교적 낮다.

- 사무실이나 상가 등 사업용 건축물의 부속토지: 0.2%~0.4% (세부담 中)

과세표준	세율	누진공제
2억 이하	0.2%	-
10억 이하	0.3%	20만원
10억 초과	0.4%	120만원

③ 종합합산과세대상

위 분리과세대상 및 별도합산대상에 속하지 않는 토지를 말한다.

- 나대지, 잡종지 등: 0.2%~0.5% (세부담 高)

과세표준	세율	누진공제
5,000만원 이하	0.2%	-
1억 이하	0.3%	5만원
1억 초과	0.5%	25만원

2. 종합부동산세

위의 토지 중 ②별도합산과세대상과 ③종합합산과세대상만 종합부동산세 과세대상이다.

① 분리과세대상

세수확보 목적이 아닌 농업용 토지거나 이미 재산세를 고율로 부과한 사치성 토지이기 때문에 종합부동산세까지 부과할 이유가 없다.

따라서, 재산세가 분리과세대상으로 부과되는 토지를 보유하고 있는 경우, 종합부동산세 과세를 걱정할 필요는 없다.

② 별도합산과세대상

80억 초과금액에 대하여 종합부동산세가 과세된다. 사업용으로 사용하고 있다는 점을 감안하여 과세 기준금액이 비교적 높다.

과세표준	세율	누진공제
80억 초과~200억 이하	0.5%	-
200억 초과~400억 이하	0.6%	2,000만원
400억 초과	0.7%	6,000만원

➜ 재산세 별도합산과세대상으로 부과되는 토지를 보유하고 있는 경우, 매년 6월 1일 기준 개별공시지가의 합이 80억을 넘는 경우에만 종합부동산세 과세대상이다.

③ 종합합산과세대상

5억 초과금액에 대하여 종합부동산세가 과세된다. 사업용으로 사용하고 있지 않기 때문에 기준금액이 비교적 낮다.

과세표준	세율	누진공제
5억 초과~15억 이하	1%	-
15억 초과~45억 이하	2%	1,500만원
45억 초과	3%	6,000만원

➜ 재산세 종합합산과세대상으로 부과되는 토지를 보유하고 있는 경우, 매년 6월 1일 기준 그 개별공시지가의 합이 5억을 넘는 경우에는 종합부동산세 과세대상이다.

이와 같이 동일한 가액의 토지를 보유하고 있어도 재산세가 어떻게 부과되고 있는지에 따라 종합부동산세 부담액은 상이하다. 따라서 나대지와 같이 종합합산과세대상인 경우, 분리과세대상이나 별도합산과세대상에 해당하게 사용하는 것이 세부담 측면에서 유리하다.

Chapter 02

종합부동산세 계산

① 농지 보유 시 종합부동산세 - 비과세

신토지씨는 전라남도 해남군에 공시가격 50억에 상당하는 농지를 보유하고 있다. 이 때 2024년 종합부동산세는 다음과 같이 계산된다.

특별시, 광역시(군 지역 제외) 및 시지역(읍/면 지역 제외) 등의 도시지역 농지가 아니기 때문에 재산세가 분리과세대상이다. 따라서 종합부동산세 과세대상이 아니다.

② 상업용 건물 부속토지 보유 시 종합부동산세 - 80억 초과분 과세

신토지씨는 서울시 마포구에 위치한 공시가격 100억에 상당하는 토지를 보유하고 있다. 해당 토지 위에는 사무실 등 업무용 건물이 있다. 이 때 2024년 종합부동산세는 다음과 같이 계산된다.

계산구조	토지
공시가격 합계	10,000,000,000 (100억)
(-) 공제금액	8,000,000,000 (80억)
(=) 공제 후 금액	2,000,000,000 (20억)
(x) 공정시장가액비율	100%
(=) 과세표준	2,000,000,000
(x) 세율(누진세율)	0.5%
(=) 산출세액	10,000,000

③ 나대지 보유 시 종합부동산세 - 5억 초과분 과세

신토지씨는 서울시 마포구에 위치한 공시가격 100억에 상당하는 토지를 보유하고 있다. 해당 토지는 나대지다. 이 때 2024년 종합부동산세는 다음과 같이 계산된다.

계산구조	토지
공시가격 합계	10,000,000,000 (100억)
(-) 공제금액	500,000,000 (5억)
(=) 공제 후 금액	9,500,000,000 (95억)
(x) 공정시장가액비율	100%
(=) 과세표준	9,500,000,000
(x) 세율(누진세율)	3.0%
(=) 산출세액	225,000,000

위 예시에서 토지 계산구조의 특징을 알 수 있다.

ㄱ. 공제금액

재산세 부과내역에 따라 공제금액이 다르게 적용된다. (별도합산과세대상 80억, 종합합산과세대상 5억)

ㄴ. 공정시장가액비율

60%의 공정시장가액비율이 적용되는 주택과 다르게 100%의 공정시장가액비율이 적용된다.

ㄷ. 세율

별도합산과세대상은 0.5%~0.7%의 누진세율이, 종합합산과세대상은 1%~3%의 누진세율이 적용된다.

PART

04

신탁과 종합부동산세

PART

04

신탁과 종합부동산세

Chapter 01

기본 내용

최근 자산 승계 컨설팅과 관련하여 신탁과 관련된 문의들이 증가하고 있다. 신탁에 대한 개념을 살펴보고, 신탁 대상 부동산의 종합부동산세는 어떻게 과세되는지 알아보자.

신탁이란?

신탁을 설정하는 주체인 위탁자가 운용, 관리, 사무 등을 수행하는 신탁회사(수탁자)에게 재산을 이전하여 신탁 목적에 맞게 신탁과 관련된 사항을 설정하고, 신탁회사(수탁자)는 수익자의 이익을 위하여 계약한 사항을 수행하는 일련의 과정을 말한다.

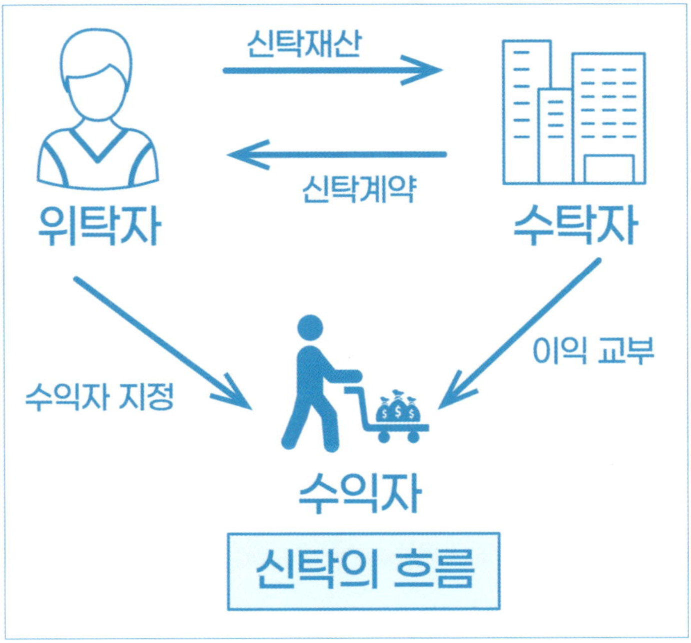

또한 신탁은 수익자가 위탁자 본인인 자익신탁, 수익자가 타인인 타익신탁으로 구분된다. 이번 장에서는 신탁재산이 어떻게 과세되는지 살펴볼 것인데, 현행법상으로는 위탁자가 납세의무자라는 것을 기억하면 된다.

Chapter 02

과세 흐름

위에서 구분되어있는 신탁을 보고, 일부 사람들은 이런 생각을 했을 것이다. “내 재산을 모두 신탁회사에 신탁하고 종합부동산세를 회피할 수 있지 않을까?” 실제로 2020년 12월 29일 이전까지는 신탁재산에 대한 재산세 및 종합부동산세는 수탁자(신탁회사 등)가 부담하였다.

하지만 신탁제도를 활용한 투기수요가 부동산 시장에 유입되는 것을 막기 위해 그 이후부터는 신탁재산에 대한 납세의무자를 수탁자에서 위탁자로 변경하는 법 개정이 이루어졌다.

따라서, 특정 재산에 대하여 신탁회사에 신탁하여도 위탁자의 종합부동산세 과세대상인 다른 재산과 합산되어 종합부동산세가 과세된다.

심화 - 주택법에 따른 지역, 직장주택조합 명의의 신탁재산 납세의무

1. 지역, 직장주택조합(수탁자) 명의로 등기된 신탁재산의 경우에는 조합원(위탁자)이 신탁재산을 소유한 것으로 보고 재산세/종합부동산세를 납부할 의무가 있다.

2. 위 1에도 불구하고 지역, 직장주택조합이 조합원이 납부한 금전으로 매수하여 소유하고 있는 신탁재산의 경우에는 지역, 직장주택조합이 소유한 것으로 보아 재산세/종합부동산세를 납부할 의무가 있다.

Chapter 03

납세의무자

신탁재산에 대한 종합부동산세 납세의무자는 시간의 흐름에 따라 다음과 같이 개정되었다.

'93~'13 위탁자

'14~'20 수탁자
(신탁재산의 납세의무자는 그 수탁자의 상호, 성명 다음에 괄호를 하고 그 안에 위탁자의 성명, 상호를 기재하여 구분)

'21~현재 위탁자
(수탁자는 위탁자가 신탁재산에 대한 종합부동산세를 체납하였을 경우 물적납세의무 부담)

PART 05

경정청구

PART

05

경정청구

과세관청은 세금 신고/납부기한이 지났는데도 납세자가 신고하지 않았거나 과소하게 신고/납부한 경우 결정 및 고지할 수 있다. 마찬가지로, 납세자들은 세금을 과다하게 신고/납부하였으면 '세금을 더 냈으니 돌려주십시오'하며 경정청구할 수 있는 권리가 있다.

그렇다면 종합부동산세도 경정청구를 할 수 있을까?

사실 2005년 도입 당시, 종합부동산세는 납세자들이 직접 신고 및 납부하는 신고납부세목이었다. 하지만 납세협력비용 증가 등의 이유로 재산세 부과자료를 근거로 정부가 부과 및 고지하는 정부부과세목으로 변경되었다.

다만, 정부부과세목으로 변경되었어도 신고를 일부 허용해주어 정부부과와 신고납부가 병존하는 특이한 형태였다. 이러한 사항 때문에 2022년까지는 **직접 신고한 종합부동산세**에 대하여는 **경정청구가 가능**하고, **부과고지된 종합부동산세**에 대하여는 신고를 하지 않았다는 이유로 **경정청구가 불가**했다.

하지만 2022년 말 다음과 같이 국세기본법이 개정됨에 따라 **부과고지된 종합부동산세에 대해서도 경정청구를 할 수 있는 단초가 마련**되었다.

다만, 법질서 및 사회의 효율성을 위하여 그 기간을 정해놓고 있다. 신고/납부기한 후 5년 이내가 그 기간이기 때문에 해당 기간을 고려하여 권리를 주장하여야 한다. 즉, 2024년에는 5년 이내 부과고지된 2019년 이후분 종합부동산세에 대하여 경정청구할 수 있다.

국세기본법 부칙[2022.12.31. 법률 제19189호] 제5조(경정 등의 청구에 관한 적용례)

③ 제45조의2 제6항의 개정규정은 다음 각 호의 구분에 따른 경우부터 적용한다.

1. 제45조의2 제1항이 준용되는 경우: 이 법 시행 전에 종합부동산세 납세의무가 성립한 자로서 이 법 시행 당시 종합부동산세 납부기한이 지난 날부터 5년이 경과하지 아니한 경우
2. 제45조의2 제2항이 준용되는 경우: 이 법 시행 당시 종합부동산세 납부기한이 지난 날부터 5년이 경과하지 아니한 경우로서 이 법 시행 이후 같은 항 각 호의 어느 하나에 해당하는 사유가 발생하는 경우

그렇다면 어떤 방식으로 경정청구를 진행하면 될까?

1단계) 과세대상 정리 및 납부세액 집계하기

먼저 최근 5년간 소유하고 있었던 주택/토지에 대해 정리를 하고, 5년간 납부하였던 종합부동산세를 집계해본다.

2-1단계) 합산배제 대상 주택 찾기

그 중 합산배제 대상 주택이 있다면 해당 주택의 공시가격는 과세표준에서 제외를 한 후 앞서 살펴봤던 계산식에 의해 종합부동산세를 다시 산출하여야 한다.

2-2단계) 특례주택 찾기

그 중 주택부속토지, 일시적 2주택, 상속주택, 지방저가주택, 타인

소유의 무허가주택 부속토지 등이 있다면 주택 수 산정이 달라져 공제액이나 세액공제, 세율이 달라질 수 있기 때문에 종합부동산세를 다시 산출하여야 한다.

3단계) 기납부한 세액과 다시 산출한 세액 비교하기

이미 납부하였던 종합부동산세액과 다시 계산한 종합부동산세액을 비교하여 연도별로 돌려받을 세금을 계산하였으면 경정청구를 할 준비가 완료되었다.

4단계) 경정청구서 작성하기

①~⑥

청구인의 탭에 성명, 주민번호, 주소, 전화번호를 모두 기재한다.

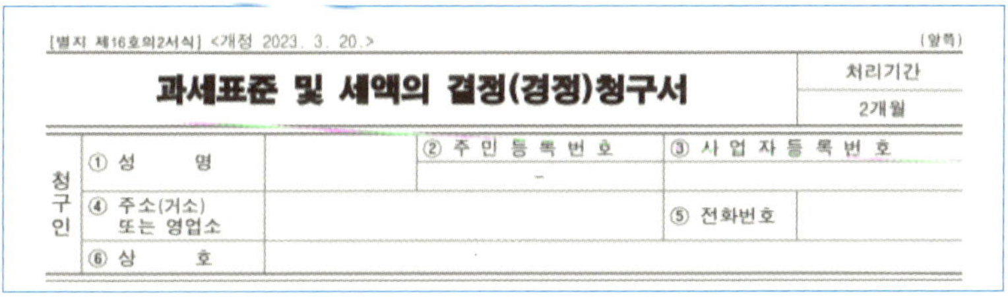
[별지 제16호의2서식] <개정 2023. 3. 20.> (앞쪽)

과세표준 및 세액의 결정(경정)청구서				처리기간 2개월
청구인	① 성 명		② 주민등록번호 -	③ 사업자등록번호
	④ 주소(거소) 또는 영업소		⑤ 전화번호	
	⑥ 상 호			

⑦~⑧

법정신고일, 최초신고일에 해당하는 연도 및 일자를 기재한다.

⑨

경정청구 이유에는 해당 사유인 '합산배제 미적용' 혹은 '종합부동산세 과세대상아닌 주택 포함' 등의 사유를 간결하게 작성을 한다.

⑩

세목란에는 종합부동산세를 기재한다.

⑪

과세표준금액에는 당초 계산된 금액, 다시 계산한 금액을 작성해준다.

⑫~⑭

산출세액 및 공제/감면세액도 마찬가지로 당초 계산된 금액과 다시 계산한 금액을 각각 작성해준다.

신고내용				
⑦ 법정 신고일			⑧ 최초 신고일	
⑨ 결정(경정)청구이유				
구분	최초 신고		결정(경정) 청구	
⑩ 세목				
⑪ 과세표준금액				
⑫ 산출세액				
⑬ 가산세액				
⑭ 공제 및 감면세액				
⑮ 납부할세액				
⑯ 국세환급금 계좌신고	거래은행	은행 지점	계좌번호	
⑰ 환급받을 세액				

「국세기본법」 제45조의2, 같은 법 시행령 제25조의3, 「소득세법」 제118조의15 및 같은 법 시행령 제178조의11에 따라 위와 같이 신고합니다.

년 월 일

청구인 (서명 또는 인)

세무서장 귀하

첨부서류	결정(경정)청구 사유 증명자료	수수료 없음

이렇게 경정청구서 작성이 완료되면 당초 납부할 세액과 다시 계산한 세액의 차이가 발생하는데 해당 금액이 환급받을 세액이다.

추가적으로, 과세관청에서 주택 수에 산입하지 않는 이유에 대해 납득할 수 있는 서류가 필요하다. 따라서 주택의 등기부등본, 건축물대장 등 본인의 상황에 맞는 서류를 준비하여 함께 세무서에 제출하면 된다.

또한, 경정청구를 접수하게 되면 과세관청은 접수일로부터 2개월 이내 청구에 대한 결정을 내려야 한다. 따라서 해당 기간이 다가오면 담당 조사관님이 납세자에게 연락을 준다.

청구한 내용이 받아들여진다면 환급금액이 기재한 환급계좌로 입금이 될 것이다. 단, 환급은 바로 진행되지는 않고 청구일로부터 60일 이내 입금된다.

경정청구 사례

필자의 고객사 중 매년 부과되는 종합부동산세 때문에 주택 처분을 고민하는 법인이 있었다.

원래는 주택 처분에 대한 양도소득세 검토를 의뢰한 상황이었는데, 요건을 검토해보니 종합부동산세를 내도 되지 않을 합산배제 대상 주택(사원용 주택)이었다.

이에 대하여 경정청구를 진행하니, 주택 처분의 이유도 없어지고 기존에 과도하게 납부하였던 약 천만원의 종합부동산세를 모두 환급받을 수 있었다.

[실제 경정청구서 중 일부]

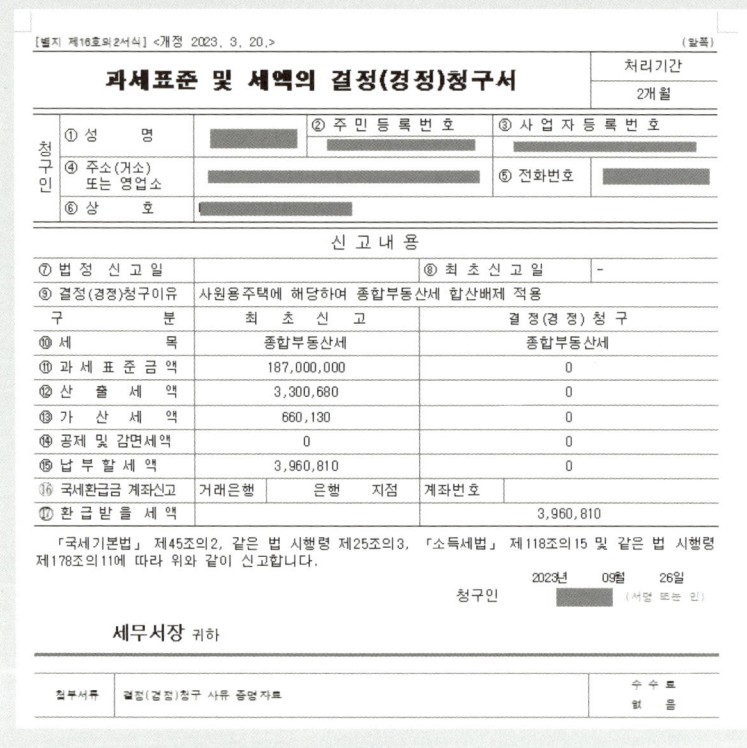

[별지 제16호의2서식] <개정 2023. 3. 20.> (앞쪽)

과세표준 및 세액의 결정(경정)청구서	처리기간
	2개월

청구인	① 성 명	[redacted]	② 주민등록번호	③ 사업자등록번호	
			[redacted]	[redacted]	
	④ 주소(거소) 또는 영업소	[redacted]		⑤ 전화번호	[redacted]
	⑥ 상 호	[redacted]			

신 고 내 용

⑦ 법정 신고일		⑧ 최초 신고일	-
⑨ 결정(경정)청구이유	사원용주택에 해당하여 종합부동산세 합산배제 적용		
구 분	최 초 신 고	결 정(경 정) 청 구	
⑩ 세 목	종합부동산세	종합부동산세	
⑪ 과 세 표 준 금 액	187,000,000	0	
⑫ 산 출 세 액	3,300,680	0	
⑬ 가 산 세 액	660,130	0	
⑭ 공제 및 감면세액	0	0	
⑮ 납 부 할 세 액	3,960,810	0	
⑯ 국세환급금 계좌신고	거래은행 은행 지점	계좌번호	
⑰ 환 급 받 을 세 액		3,960,810	

「국세기본법」 제45조의2, 같은 법 시행령 제25조의3, 「소득세법」 제118조의15 및 같은 법 시행령 제178조의11에 따라 위와 같이 신고합니다.

2023년 09월 26일

청구인 [redacted] (서명 또는 인)

세무서장 귀하

첨부서류	결정(경정)청구 사유 증명자료	수수료 없음

검토 세부내역 중 일부-실제 사례

(2) 해당 물건 정보

2021년 공동주택가격 : 168,000,000원
2022년 공동주택가격 : 187,000,000원

전용면적 : 125.0019㎡

[경정청구 후 환급금 지급 완료]

○ 환급금 내역

☐	세무서	세목	귀속년월	환급결정일자	지급구분	환급금액	지급일
☐		종합부동산세	2022-06	2023-08-01	지급완료	6,890	2023-08-02
☐		종합부동산세	2021-06	2023-11-24	지급완료	5,805,300	2023-11-27
☐		종합부동산세	2022-06	2023-11-24	지급완료	4,044,780	2023-11-27

PART
06

Q&A

PART
06

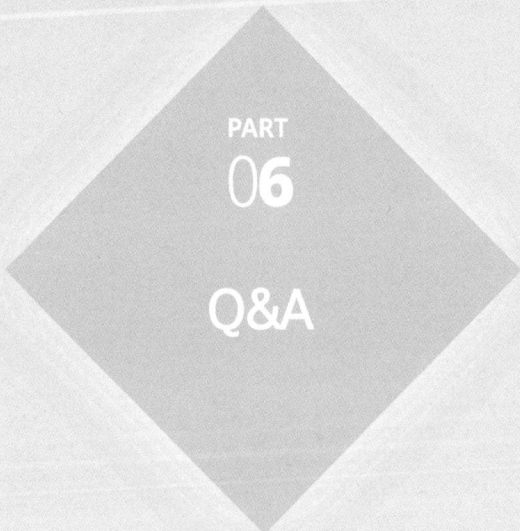

Q&A

Chapter 01

합산배제 관련

01 합산배제 사원용주택등 신고서를 기한 내 제출하지 못한 경우 합산배제 적용 가능이 가능한가요?

(서면-2022-부동산-4958 [부동산납세과-2373])

Answer

네, 합산배제 적용이 가능합니다.

신고기간 내 합산배제 사원용주택등 신고서를 제출하지 않은 경우에도 합산배제 사원용주택등 요건에 해당하는 주택은 합산배제 적용 가능합니다.

②-1	사원용주택
내용	종업원의 주거를 위해 무상이나 저가로 제공하는 사용자 소유의 국민주택 규모 이하이거나 과세기준일 현재 공시가격이 6억 이하인 주택
조건	* 저가 요건: 전세금 또는 임대보증금(월세가 있는 경우 「부가가치세법 시행규칙」 제47조에 따른 1년만기 정기예금의 이자율(2023년 2.9%)을 적용하여 1

	년으로 환산한 금액을 포함)이 주택 공시가격의 10% 이하일 것 * 국민주택규모 관련: 전용면적 85㎡(단, 수도권을 제외한 도시지역 외 읍·면지역 100㎡) 이하 * 특수관계인 요건: 개인사용자와 종업원이 「국세기본법 시행령」 제1조의2제1항 각 호의 어느 하나에 해당하는 친족관계인 경우, 법인사용자와 종업원이 「국세기본법」 제39조 제2호에 따른 과점주주인 경우는 합산배제 대상 제외

[근거]

귀 질의의 경우 「종합부동산세법 시행령」 제4조 제1항에 따른 합산배제 사원용주택등을 보유한 자가 같은 법 제8조 제3항에 따른 주택의 보유현황 신고기간에 사원용주택등 합산배제 신고서를 제출하지 않은 경우에도 합산배제 사원용주택등 규정을 적용받을 수 있는 것입니다.

[예규]

종합부동산세과-46, 2009.12.21.

임대사업자가 임대주택에 대하여 종합부동산세 신고(납부)기한까지 합산배제신고를 못한 경우에도 경정청구 또는 이의신청 등의 절차에 따라 합산배제 임대주택 규정을 적용받을 수 있음.

02 '20.2.11. 이후 다가구주택에 대해 새롭게 임대사업자 등록을 해야 합산배제를 적용받을 수 있나요?

(서면-2018-부동산-3783 [부동산납세과-2375])

Answer

새롭게 임대사업자 등록을 하지 않아도, 합산배제를 적용받을 수 있습니다.

[근거]

서면-2018-부동산-3783 [부동산납세과-2375]

「종합부동산세법 시행령」 개정('20.2.11.) 이후 「건축법 시행령」 별표 1 제1호 다목에 따른 다가구주택(이하 '다가구주택'이라 함)에 대해 민간매입임대주택으로 새로이 합산배제 받으려면 「민간임대주택에 관한 특별법」 제5조에 따라 임대사업자(이하 '임대사업자'라 함) 등록을 하여야 하는 것이나,

개정 전에 「소득세법」 제168조 또는 「법인세법」 제111조에 따라 주택임대업으로 사업자등록하여 임대하고 있던 다가구주택으로서 「종합부동산세법 시행령」 제3조 제1항 본문 및 각호에 따른 합산배제 임대주택의 적용요건을 충족한 경우에는,

개정 후에 해당 다가구주택을 계속 임대하는 기간까지는 개정 전의 「종합부동산세법 시행령」 제3조 제3항 및 제4항에 따라 임대사업자 등록을 하지 않아도 되는 것입니다.

03 다가구주택 1동의 일부 호실만이 합산배제 주택에 해당하는 경우에는 종합부동산세를 적용받는 주택 수는 어떻게 계산해야 하나요?

Answer

다가구주택의 1동을 1주택으로 보아 주택 수를 계산하며, 그 다가구주택 1동의 일부 구만이 합산배제 주택에 해당하는 경우 주택 수에서 제외되지 않습니다.

[근거]

1세대 1주택자 판단 시, 세율 적용 시 주택 수 산정방법 비교

구 분	1세대 1주택자 판단	세율 적용
다가구주택	1동을 1주택으로 보아 계산	
주택 부속토지	부속토지 위의 주택 수만큼 소유한 것으로 보아 계산	
공동소유주택	각 공동소유자가 1주택을 소유한 것으로 보아 계산 (공동명의 1주택자 특례 적용 시 납세의무자 전부 소유한 것으로 보아 계산)	
재산세 비과세·면제 주택	전부 비과세·면제된 주택은 제외 (최소납부세제 적용으로 85%만 경감된 경우에는 주택 수 포함)	
조합원입주권·분양권 등 주택에 관한 권리	주택이 아니므로 주택 수 제외	
재개발·재건축 등 정비구역 내 주택	멸실일까지 주택 수 포함(관리처분계획인가 등 무관)	
세대원 소유 주택	포함	제외
합산배제 임대주택	거주요건 충족 시 세대원 주택 수 제외	제외(거주 무관)
합산배제 사원용주택등	('22년부터)세대원 주택 수 제외[1]	제외
타인 소유 주택 부속토지, 신규주택, 지방 저가주택	1세대 1주택자에 해당하는 경우만 제외 (신규, 지방 저가주택은 '22년부터)	
상속주택	('22년부터)1세대 1주택자에 해당하는 경우에만 제외	('19년부터)제외[2]
무허가주택 부속토지	포함 (1세대 1주택자가 아닌 경우)	제외

[법령]

○ 종합부동산세법 시행령 제4조의3【주택분 종합부동산세에서 공제되는 재산세액의 계산】

③ 법 제9조 제1항 및 제2항에 따라 주택분 종합부동산세액을 계산할 때 적용해야 하는 주택 수는 다음 각 호에 따라 계산한다.

2. 「건축법 시행령」 별표 1 제1호 다목에 따른 다가구주택은 1주택으로 본다.

04 장기일반민간임대주택 1호를 부부가 공동명의로 소유한 경우 합산배제 대상이 되나요?

(서면-2020-법규재산-2913 [법규과-1561])

Answer

네, 합산배제 대상이 됩니다.

[예규]

서면-2020-법규재산-2913 [법규과-1561]

귀 서면질의의 경우, 부부가 공동명의로 소유하고 있는 임대주택이 「종합부동산세법 시행령」 제3조 제1항 제8호의 요건을 충족하는 경우에는 합산배제가 가능한 것입니다

<table>
<tr><th>①-2</th><th>매입임대주택</th></tr>
<tr><td>내용</td><td>ㄱ. 민간매입임대주택(「민간임대주택에 관한 특별법」 제2조 제3호)
ㄴ. 공공매입임대주택(「공공주택 특별법」 제2조 제1호의3)</td></tr>
<tr><td>조건</td><td>민간매입임대주택은 2018.3.31. 이전에 임대사업자등록과 사업자등록을 한 주택으로 한정한다.

<table><tr><td>주거전용면적</td><td>-</td></tr><tr><td>주택 수</td><td>전국 1호 이상</td></tr><tr><td>공시가격</td><td>6억 이하
(비수도권 3억 이하)</td></tr><tr><td>임대기간</td><td>5년 이상</td></tr><tr><td>임대료</td><td>증가율 5% 이하, 1년 내 재증액 금지</td></tr></table>
* 공시가격 관련:
해당 주택 임대를 개시한 날 또는 최초 합산배제신고 연도의 과세기준일 현재 공시가격

* 임대료 증가율 관련:
「공공주택 특별법」 제49조 제4항에 따라 임대료등을 증액하는 경우에는 다목 전단을 적용하지 않으며, 임대사업자가 임대료등의 증액을 청구하면서 임대보증금과 월임대료를 상호 간에 전환하는 경우에는 「민간임대주택에 관한 특별법」 제44조 제4항 및 「공공주택 특별법 시행령」 제44조 제3항에 따라 정한 기준을 준용</td></tr>
</table>

05 조정대상지역에 있는 오피스텔을 '18.9.14. 이후에 장기일반민간임대주택으로 등록하여 임대하는 경우 합산배제가 가능한가요?

(서면-2020-법규재산-5384 [법규과-1613])

Answer

취득 당시 세대가 보유하고 있는 주택 수에 따라 달라집니다.

- 1세대가 1주택 이상 보유한 상태인 경우:
  18.9.14. 이후에 장기일반임대주택으로 등록하는 조정대상지역 내 오피스텔은 합산배제가 불가합니다.
- 1세대가 무주택 상태인 경우:
  18.9.14. 이후에 장기일반임대주택으로 등록하는 조정대상지역 내 오피스텔은 합산배제가 가능합니다.

[법령]

종합부동산세법 시행령 제3조【합산배제 임대주택】

① 법 제8조 제2항 제1호에서 "대통령령으로 정하는 주택"이란 「공공주택 특별법」 제4조에 따른 공공주택사업자 또는 「민간임대주택에 관한 특별법」 제2조 제7호에 따른 임대사업자(이하 "임대사업자"라 한다)로서 과세기준일 현재 「소득세법」 제168조 또는 「법인세법」 제111조에 따른 주택임대업 사업자등록(이하 이 조에서 "사업자등록"이라 한다)을 한 자가 과세기준일 현재 임대(제1호부터 제3호까지, 제5호부터 제8호까지의 주택을 임대한 경우를 말한다)하거나 소유(제4호의 주택을 소유한 경우를 말한다)하고 있는 다음 각 호의 주택(이하 "합산배제 임대주택"이라 한다)을 말한다. 이 경우 과세기준일 현재 임대를 개시한 자가 법 제8조 제3항에 따른 합산배제 신고기간 종료

일까지 임대사업자로서 사업자등록을 하는 경우에는 해당 연도 과세기준일 현재 임대사업자로서 사업자등록을 한 것으로 본다.

8. 매입임대주택 중 장기일반민간임대주택등으로서 가목 1)부터 3)까지의 요건을 모두 갖춘 주택. 다만, 나목 1)부터 4)까지에 해당하는 주택의 경우는 제외한다.

   나. 제외되는 주택

   1) 1세대가 국내에 1주택 이상을 보유한 상태에서 세대원이 새로 취득(제7항 제2호 또는 제7호에 따라 임대기간이 합산되는 경우의 취득은 제외한다)한 조정대상지역(「주택법」 제63조의2 제1항 제1호에 따른 조정대상지역을 말한다. 이하 같다)에 있는 「민간임대주택에 관한 특별법」 제2조 제5호에 따른 장기일반민간임대주택[조정대상지역의 공고가 있은 날 이전에 주택(주택을 취득할 수 있는 권리를 포함한다)을 취득하거나 취득하기 위하여 매매계약을 체결하고 계약금을 지급한 사실이 증빙서류에 의하여 확인되는 경우는 제외한다]

06 재건축조합이 조합원으로부터 취득한 주택이 종합부동산세 합산배제 주택에 해당하나요?

(기획재정부 재산세제과-552)

Answer

네, 조합이 사업을 위해 멸실시킬 목적으로 취득하는 주택은 합산배제 대상 주택입니다.

②-13	멸실예정 주택
내용	다음 어느 하나의 자가 주택건설사업을 위하여 멸실시킬 목적으로 취득하여 취득일로부터 3년 이내 멸실시키는 주택 ㄱ. 「공공주택 특별법」 제4조에 따른 공공주택사업자 ㄴ. 「도시 및 주거환경정비법」 제24조부터 제28조까지의 규정에 따른 사업시행자 ㄷ. 「도시재생 활성화 및 지원에 관한 특별법」 제44조에 따라 지정된 혁신지구재생사업의 시행자 ㄹ. 「빈집 및 소규모주택 정비에 관한 특례법」 제17조, 제18조 및 제19조에 따른 사업시행자 ㅁ. 「주택법」에 따른 주택조합 및 같은 법 제4조 제1항 본문에 따라 등록한 주택건설사업자(같은 항 단서에 해당하여 등록하지 않은 자를 포함한다)

[예규]

기획재정부 재산세제과-552

「종합부동산세법 시행령」 제4조 제1항 제21호 나목에 따라 「도시 및 주거환경정비법」 제24조부터 제28조까지의 규정에 따른 사업시행자가 주택 건설사업을 위하여 멸실시킬 목적으로 취득하여 그 취득일부터 3년 이내에 멸실시키는 주택은 종합부동산세 과세표준 합산의 대상이 되는 주택의 범위에 포함되지 아니하는 것입니다.

07 비거주자가 소유한 주택도 합산배제 임대주택 규정 적용 가능 한가요?

(서면-2022-부동산-4552)

Answer

네, 비거주자도 합산배제 요건에만 맞는다면 규정 적용이 가능합니다.

Tip : 비거주자 1세대 1주택 규정은 p.41 참고하기!

[예규]

서면-2022-부동산-4552

귀 질의의 경우 과세기준일 현재 주택분 재산세 납세의무자가 소유한 주택으로서 「종합부동산세법 시행령」 제3조 제1항에 따른 합산배제 임대주택 요건을 갖춘 주택은 과세표준 합산의 대상이 되는 주택의 범위에 포함되지 아니하는 것이며, 이는 과세기준일 현재 비거주자가 소유한 주택인 경우에도 동일하게 적용하는 것입니다.

08 조정대상지역 내 오피스텔을 보유중인데 단기민간임대주택 자동말소 후 장기일반민간임대주택 재등록 시 합산배제가 가능할까요?

(서면-2022-부동산-4218)

Answer

자동말소 후 장기일반민간임대주택으로 재등록하는 경우에는 합산배제가 가능합니다.

다만, 1세대가 1주택을 보유한 상태에서 '18.9.14. 이후에 장기일반임대주택으로 재등록하는 조정대상지역 내 오피스텔은 합산배제가 불가합니다.

[예규]

서면-2022-부동산-4218

1세대가 1주택 이상을 보유한 상태에서 세대원이 조정대상지역의 공고가 있은 날(2018년 9월 13일 현재 이미 공고된 조정대상지역의 경우 2018년 9월 13일) 이전에 주거용으로 사용한 오피스텔로서 과세기준일 현재 조정대상지역에 있는 장기일반민간임대주택은 「종합부동산세법 시행령」 제3조 제1항 제8호 나목 1)에 따른 '제외되는 주택'에 해당하지 않으므로,
귀 질의의 사실관계와 같이 「민간임대주택에 관한 특별법」(2020.8.18. 법률 제17482호로 개정되기 전의 것) 제2조 제6호에 따른 단기민간임대주택으로 등록한 오피스텔의 임대등록이 같은 법(2020.8.18. 법률 제17482호로 개정된 것) 제6조 제5항에 따라 자동말소 된 후 같

은 법 제5조에 따라 장기일반민간임대주택으로 재등록하고, 「종합부동산세법 시행령」 제3조 제1항 본문 및 제8호 가목 1)부터 3)까지의 요건을 모두 갖춘 임대주택은 합산배제 대상에 해당하는 것입니다.

09 주택의 부속토지만을 소유하여 임대사업자등록을 할 수 없는 경우 합산배제 임대주택 해당할까요?

(서면-2022-부동산-5134)

Answer

임대사업자 등록을 할 수 없는 경우에는 합산배제가 불가능합니다.

[서면질의]

서면인터넷방문상담5팀-952, 2007.3.23.

[질의]

대지와 주택을 각각 소유한 부부가 임대한 주택이 합산배제 임대주택(종합부동산세법 시행령 제3조 제1항)에 해당하는지 여부

[회신]

「종합부동산세법」 제8조의 합산배제 임대주택 규정은 「임대주택법」 제6조 제1항 규정에 의하여 시장·군수 또는 구청장에게 임대사업자등록 및 「소득세법」 제168조 규정에 따른 사업자등록을 한 자가 임대하는 주택에 대하여 적용되는 것임.

10 민특법 §6⑤에 의하여 임대사업자 등록이 말소된 경우 합산배제가 가능한가요?

(서면-2022-부동산-5297)

Answer

임대사업자 등록이 말소된 경우에는 합산배제가 불가합니다.

[서면질의]

서면-2022-법규재산-2745, 2022.10.6.

귀 서면질의 신청의 사실관계와 같이, 「민간임대주택에 관한 특별법」 제2조 제7호 및 제5조에 따른 임대사업자등록이 같은 법 제6조 제5항에 따라 말소된 경우에는 「종합부동산세법」 제8조 제2항 제1호 및 같은 법 시행령 제3조 제1항 제8호에 따른 합산배제 대상 주택에 해당하지 아니하는 것입니다.

11 피상속인이 '18.4.3. 이후 등록한 단기민간임대주택을 상속받은 경우 합산배제 임대주택에 해당 하나요?

(서면-2022-부동산-5645)

Answer

'18.4.3. 이후 등록한 단기민간임대주택은 합산배제가 불가능합니다.

※ 참고사항

사업자등록 등 기한인 2018년 3월 31일이 토요일이므로, 「국세기본법」 제5조에 따라 그 다음 월요일인 2018년 4월 2일을 기한으로 하는 것입니다.

<table>
<tr><th>①-1</th><th>건설임대주택</th></tr>
<tr><td>내용</td><td>ㄱ. 민간건설임대주택(「민간임대주택에 관한 특별법」 제2조 제2호)
ㄴ. 공공건설임대주택(「공공주택 특별법」 제2조 제1호의2)</td></tr>
<tr><td>조건</td><td>민간건설임대주택은 2018.3.31. 이전에 임대사업자등록과 사업자등록을 한 주택으로 한정한다.

<table>
<tr><td>주거전용면적</td><td>149㎡ 이하</td></tr>
<tr><td>주택 수</td><td>시도별 2호 이상</td></tr>
<tr><td>공시가격</td><td>9억 이하</td></tr>
<tr><td>임대기간</td><td>5년 이상</td></tr>
<tr><td>임대료</td><td>증가율 5% 이하 , 1년 내 재증액 금지</td></tr>
</table>

* 공시가격:
2호 이상 주택 임대를 개시한 날(2호 이상의 주택 임대개시일 이후 임대한 주택의 경우에는 그 주택의 임대개시일) 또는 최초 합산배제신고 연도의 과세기준일 현재 공시가격

* 9억 조건:
2021년 2월 17일 이후 「건축법」 제22조에 따라 사용승인을 받거나 「주택법」 제49조에 따라 사용검사 확인증을 받는 건설임대주택부터 적용

* 임대료 증가율 관련:
「공공주택 특별법」 제49조 제4항에 따라 임대료등을 증액하는 경우에는 다목 전단을 적용하지 않으며, 임대사업자가 임대료등의 증액을 청구하면서 임대보증금과 월임대료를 상호 간에 전환하는 경우에는 「민간임대주택에 관한 특별법」 제44조 제4항 및 「공공주택 특별법 시행령」 제44조 제3항에 따라 정한 기준을 준용</td></tr>
</table>

[예규]

서면-202-부동산-5645, 2023.2.6.

귀 질의의 경우 2018년 4월 2일(2018년 3월 31일이 토요일이므로, 국기법 §5에 따라 그 다음 월요일인 2018년 4월 2일을 기한으로 함)까지 소득법 §168 또는 법인법 §11에 따른 주택임대업 사업자등록과 민특법 §5에 따른 임대사업자등록을 하지 않은 임대주택의 경우 종합부동산세령 §3①2에 따른 합산배제 임대주택(매입임대주택)에 해당하지 않는 것이며, 민특법(2020년 8월 18일 법률 제17482호로 개정되기 전의 것) §2 6.에 따른 단기민간임대주택은 같은 법 §2 4.에 따른 공공민간임대주택 또는 같은 법 §2 5.에 따른 장기일반민간임대주택이 아니므로 종합부동산세령 §3①8에 따른 합산배제 임대주택(매입임대주택 중 장기일반민간임대주택등)에 해당하지 않는 것입니다.

12 다세대 주택을 다가구 주택으로 용도 변경시에도 종합부동산세 합산배제가 가능한가요?

(서면-2021-부동산-0040)

Answer

용도 변경을 하더라도 합산배제 요건에 해당이 된다면, 합산배제가 가능합니다.

①-2	매입임대주택
내용	ㄱ. 민간매입임대주택(「민간임대주택에 관한 특별법」 제2조 제3호) ㄴ. 공공매입임대주택(「공공주택 특별법」 제2조 제1호의3)

<table>
<tr>
<td>조건</td>
<td>
민간매입임대주택은 2018.3.31. 이전에 임대사업자등록과 사업자등록을 한 주택으로 한정한다.

<table>
<tr><td>주거전용면적</td><td>-</td></tr>
<tr><td>주택 수</td><td>전국 1호 이상</td></tr>
<tr><td>공시가격</td><td>6억 이하
(비수도권 3억 이하)</td></tr>
<tr><td>임대기간</td><td>5년 이상</td></tr>
<tr><td>임대료</td><td>증가율 5% 이하, 1년 내 재증액 금지</td></tr>
</table>

* 공시가격 관련:
해당 주택 임대를 개시한 날 또는 최초 합산배제신고 연도의 과세기준일 현재 공시가격

* 임대료 증가율 관련:
「공공주택 특별법」 제49조 제4항에 따라 임대료등을 증액하는 경우에는 다목 전단을 적용하지 않으며, 임대사업자가 임대료등의 증액을 청구하면서 임대보증금과 월임대료를 상호 간에 전환하는 경우에는 「민간임대주택에 관한 특별법」 제44조 제4항 및 「공공주택 특별법 시행령」 제44조 제3항에 따라 정한 기준을 준용
</td>
</tr>
</table>

13 공매로 취득한 미분양 주택이 합산배제 가능한 미분양주택에 해당하나요?

(서면-2022-부동산-2163)

Answer

공매로 취득한 미분양주택은 합산배제 대상 주택에 해당하지 않습니다.

<table>
<tr><th>①-6</th><th>미분양 매입임대주택</th></tr>
<tr><td>내용</td><td>ㄱ. 「비수도권 소재 매입임대주택(미분양주택*으로서 2008.6.11.부터 2009.6.30.까지 최초로 분양계약을 체결하고 계약금을 납부한 주택에 한정)</td></tr>
<tr><td>조건</td><td>
<table>
<tr><td>주거전용면적</td><td>149㎡ 이하</td></tr>
<tr><td>주택 수</td><td>비수도권 5호 이상</td></tr>
<tr><td>공시가격</td><td>3억 이하*</td></tr>
<tr><td>임대기간</td><td>5년 이상</td></tr>
<tr><td>임대료</td><td>-</td></tr>
</table>
* 공시가격 관련:
5호 이상 주택의 임대를 개시한 날 또는 최초 합산배제 신고연도의 과세기준일 현재 공시가격

* 미분양주택 요건:
「주택법」 제54조에 따른 사업주체가 같은 조에 따라 공급하는 주택으로서 입주자모집공고에 따른 입주자 계약일이 지난 주택단지에서 2008.6.10.까지 분양계약이 체결되지 아니하여 선착순의 방법으로 공급하는 주택

* 종전의 「민간임대주택에 관한 특별법」 제2조 제6호에 따른 단기민간임대주택으로서 2020.7.11. 이후 같은 법 제5조 제3항에 따라 공공지원민간임대주택 또는 장기일반민간임대주택으로 변경신고한 주택 합산배제 대상 제외
</td></tr>
</table>

②-3	주택건설업자의 미분양주택
내용	과세기준일 현재 사업자등록을 한 다음 「주택법」에 의한 사업계획승인 얻은 자(「건축법」에 의한 허가를 받은 자 포함)가 건축하여 소유하는 주택으로서 2005.1.1. 이후에 주택분 재산세 납세의무가 최초로 성립하는 날부터 **5년이 경과하지 아니한 미분양주택**

[예규]

서면-2022-부동산-2163

귀 질의의 경우 과세기준일 현재 사업자등록을 하였고 건축허가를 받은 자가 건축하여 소유하는 미분양 주택은 「종합부동산세법 시행령」 제4조 제1항 제3호에 따른 합산배제 대상이 되는 것이나 공매로 취득한 주택은 합산배제가 불가능한 것입니다.

Chapter 02

1세대 관련

01 혼인신고를 안한 배우자와 살고 있습니다. 자녀도 있고, 혼인신고도 할 예정입니다. 배우자 1주택, 저 1주택인데 종합부동산세법상 1세대 1주택자로 볼 수 있을까요?

(서면-2022-부동산-5131)

Answer

네, 1세대 1주택자로 볼 수 있습니다.
종합부동산세법상 동일세대를 구성하는 '배우자'의 범위에 혼인신고한 사실이 없는 자는 포함되지 않습니다.

[근거]

「종합부동산세법」 제7조 규정을 적용함에 있어 '세대'라 함은 주택의 소유자 및 그 배우자가 그들과 동일한 주소 또는 거소에서 생계를 같이하는 가족과 함께 구성하는 1세대를 말하는 것이며,
이 경우 '배우자'의 범위에 「민법」 제812조에 따라 혼인신고한 사실이 없는 자는 포함되지 아니하는 것입니다.

[법령]

○ 종합부동산세법 제2조【정의】

8. "세대"라 함은 주택 또는 토지의 소유자 및 그 배우자와 그들과 생계를 같이하는 가족으로서 대통령령으로 정하는 것을 말한다.

○ 종합부동산세법 시행령 제1조의2【세대의 범위】

① 「종합부동산세법」(이하 "법"이라 한다) 제2조 제8호에서 "대통령령이 정하는 것"이라 함은 주택 또는 토지의 소유자 및 그 배우자가 그들과 동일한 주소 또는 거소에서 생계를 같이하는 가족과 함께 구성하는 1세대를 말한다.

② 제1항에서 "가족"이라 함은 주택 또는 토지의 소유자와 그 배우자의 직계존비속(그 배우자를 포함한다) 및 형제자매를 말하며, 취학, 질병의 요양, 근무상 또는 사업상의 형편으로 본래의 주소 또는 거소를 일시퇴거한 자를 포함한다.

02 **한 주택은 저와 남편이 6대 4 공동명의로, 다른 주택의 부속토지는 남편 단독명의로 보유 중입니다. 이런 경우, 종합부동산세법상 부부공동명의 1세대 1주택자 특례신청 할 수 있을까요?**

(서면-2022-부동산-2661)

Answer

아니요, 1세대 1주택자 특례신청이 불가합니다.
부부공동명의 1주택의 납세의무자 외 세대원이 다른 주택 부속토지를 소유하고 있는 경우에는 1세대 1주택자로 볼 수 없습니다.
다만, 부부공동명의 1주택의 납세의무자와 다른 주택 부속토지 소유자가 동일한 경우에는 예외적으로 1세대 1주택자로 볼 수 있습니다.

사례의 경우, 주택의 종합부동산세 납세의무자(아내분)와 다른 주택의 부속토지를 소유자(남편분)가 다르기 때문에 1세대 1주택자로 볼 수 없습니다.

[근거]

1세대가 1주택만을 보유하고 그 1주택을 부부 공동명의로 소유하는 경우에는 지분율이 큰 1명을 납세의무자로 신청할 수 있으며 그 납세의무자와 다른 주택의 부속토지 소유자가 동일한 경우 1세대 1주택 특례를 적용할 수 있는 것입니다. (사전-2021-법규재산-0416, 2020.01.27.)

[법령]

○ 종합부동산세법 제10조의2【공동명의 1주택자의 납세의무 등에 관한 특례】

① 제7조 제1항에도 불구하고 과세기준일 현재 세대원 중 1인이 그 배우자와 공동으로 1주택을 소유하고 해당 세대원 및 다른 세대원이 다른 주택(제8조 제2항 각 호의 어느 하나에 해당하는 주택 중 대통령령으로 정하는 주택을 제외한다)을 소유하지 아니한 경우로서 대통령령으로 정하는 경우에는 배우자와 공동으로 1주택을 소유한 자 또는 그 배우자 중 대통령령으로 정하는 자(이하 "공동명의 1주택자"라 한다)를 해당 1주택에 대한 납세의무자로 할 수 있다.

○ 종합부동산세법 시행령 제5조의2【공동명의 1주택자에 대한 납세의무 등에 관한 특례】

② 법 제10조의2 제1항에서 "대통령령으로 정하는 경우"란 세대원 중 1명과 그 배우자만이 주택분 재산세 과세대상인 1주택만을 소유한 경우로서 주택을 소유한 세대원 중 1명과 그 배우자가 모두 「소득세법」 제1조의2 제1항 제1호의 거주자인 경우를 말한다. 다만, 제3항에 따른 공동명의 1주택자의 배우자가 다른 주택의 부속토지(주택의 건물과 부속토지의 소유자가 다른 경우의 그 부속토지를 말한다)를 소유하고 있는 경우는 제외한다.

③ 법 제10조의2 제1항에서 "대통령령으로 정하는 자"란 해당 1주택을 소유한 세대원 1명과 그 배우자 중 주택에 대한 지분율이 높은 사람(지분율이 같은 경우에는 공동 소유자간 합의에 따른 사람을 말하며, 이하 "공동명의 1주택자"라 한다)을 말한다.

03 1주택과 다른 주택의 부속토지 소유중입니다. 이 경우에도 1세대 1주택자로 볼 수 있을까요?

(서면-2022-부동산-3260)

Answer

네, 1세대 1주택자로 볼 수 있습니다.

1인이 1주택과 다른 주택의 부속토지를 소유하는 경우에는 1세대 1주택자로 봅니다.

단, 세대원 중 1인이 주택을 소유하고 세대원 중 다른 1인이 다른 주택의 부속토지를 소유하는 경우에는 1세대 1주택자로 볼 수 없습니다.

[근거]

세대원 중 1인이 1주택과 다른 주택의 부속토지(주택부속토지의 개수와는 상관없음)를 함께 보유하고 있을 때 「종합부동산세법」 제8조 제4항이 적용되는 것입니다. (종합부동산세과-5, 2011.02.25.)

[법령]

○ 종합부동산세법 제8조【과세표준】

④ 제1항을 적용할 때 다음 각 호의 어느 하나에 해당하는 경우에는 1세대 1주택자로 본다.

1. 1주택(주택의 부속토지만을 소유한 경우는 제외한다)과 다른 주택의 부속토지(주택의 건물과 부속토지의 소유자가 다른 경우의 그 부속토지를 말한다)를 함께 소유하고 있는 경우

04 나이가 60세가 넘은 부모님을 모시기 위해 집을 합쳤습니다. 그런데, 부모님도 1주택이 있고 저도 1주택이 있습니다. 이런 경우에도 종합부동산세법상 1세대 1주택자에 해당할까요?

(서면-2022-부동산-3260)

Answer

네, 1세대 1주택자에 해당합니다.

과세기준일 현재 60세 이상인 직계존속을 동거봉양하기 위해 합가한 경우에는 10년동안 각각 1세대로 봅니다.

[근거]

동거봉양을 위해 합가함으로써 과세기준일 현재 60세 이상의 직계존속과 1세대를 구성하는 경우 합가한 날로부터 10년동안 주택 또는 토지를 소유하는 자와 그 합가한 자별로 각각 1세대로 보는 것입니다.

[법령]

○ 종합부동산세법 제2조【정의】

8. "세대"라 함은 주택 또는 토지의 소유자 및 그 배우자와 그들과 생계를 같이하는 가족으로서 대통령령으로 정하는 것을 말한다.

○ 종합부동산세법 시행령 제1조의2【세대의 범위】

⑤ 동거봉양(同居奉養)하기 위하여 합가(合家)함으로써 과세기준일 현재 60세 이상의 직계존속(직계존속 중 어느 한 사람이 60세 미만인 경우를 포함한다)과 1세대를 구성하는 경우에는 제1항에도 불구하고 합가한 날부터 10년동안(합가한 날 당시는 60세 미만이었으나, 합가한 후 과세기준일 현재 60세에 도달하는 경우는 합가한 날부터 10년의 기간 중에서 60세 이상인 기간 동안) 주택 또는 토지를 소유하는 자와 그 합가한 자별로 각각 1세대로 본다.

05 **미국으로 이민을 가 결혼을 하고 직장을 다니고 있습니다. 한국에 주택이 하나 있는데, 종합부동산세를 내라고 하네요. 비거주자여도 1세대 1주택자이니 12억의 공제금액과 세액공제 적용이 가능할까요?**

(서면-2020-부동산-4520 [부동산납세과-263])

Answer

아니요, 비거주자의 경우 1세대 1주택자에 해당하지 않아 12억의 공제금액과 세액공제 적용이 불가합니다.

「종합부동산세법」상 1세대 1주택자는 세대원 중 1명만이 주택분 재산세 과세대상인 1주택만을 소유한 경우로서 그 주택을 소유한 「소득세법」 제1조의2 제1항 제1호에 따른 거주자를 말하는 것입니다.

[근거]

비거주자인 경우 「종합부동산세법」상 1세대 1주택자에 해당하지 않는 것이며, 「종합부동산세법」 제8조 제4항은 「소득세법」상 거주자로서 1세대 1주택자인 경우에만 적용되는 것입니다.

[법령]

○ 종합부동산세법 시행령 제2조의3【1세대 1주택의 범위】

① 법 제8조 제1항 본문에서 "대통령령으로 정하는 1세대 1주택자"란 세대원 중 1명만이 주택분 재산세 과세대상인 1주택만을 소유한 경우로서 그 주택을 소유한 「소득세법」 제1조의2 제1항 제1호에 따른 거주자를 말한다

○ 소득세법 제1조의2【정의】

① 이 법에서 사용하는 용어의 뜻은 다음과 같다.

1. "거주자"란 국내에 주소를 두거나 183일 이상의 거소(居所)를 둔 개인을 말한다.

06 폐가로 방치되어 온 주택이 최근 재건축사업이 진행됨에 따라 철거되었습니다. 건축물대장도 없는 건축물인데, 종합부동산세법상 주택에 해당될까요?

(서면-2022-부동산-5367 [부동산납세과-359])

Answer

과세기준일 현재 해당 건축물이 주택에 해당하는 지는 사실상 철거·멸실된 날을 기준으로 사실판단할 사항입니다.

또한, 공부상 등재되지 않거나 공부상 등재현황과 사실상의 현황이 다른 경우 관할 시장·군수에게 의견조회하여 결정(경정)할 수 있습니다.

[근거]

종합부동산세의 과세대상 판정에 있어서 "주택"이라 함은 「종합부동산세법」 제2조 제3호, 「지방세법」 제104조 제3호 및 「주택법」 제2조 제1호에 따라 세대(世帶)의 구성원이 장기간 독립된 주거생활을 할 수 있는 구조로 된 건축물의 전부 또는 일부 및 그 부속토지를 말하는 것입니다.

과세기준일 현재 주택으로 보는지는 세대의 구성원이 퇴거·이주하고, 단전·단수 및 출입문 봉쇄 등 폐쇄조치가 이루어진 때가 아니라 외형적으로 주택의 구조가 훼손되거나 일부 멸실 혹은 붕괴되고 그 복구가 사회통념상 거의 불가능하게 된 정도에 이르러 재산적 가치를 전부 상실하게 된 때를 기준으로 사실관계를 종합하여 판단할 사항입니다.

[법령]

○ 종합부동산세법 제2조【정의】

이 법에서 사용하는 용어의 정의는 다음 각호와 같다.

3. “주택”이라 함은 「지방세법」 제104조 제3호에 의한 주택을 말한다. 다만, 같은 법 제13조 제5항 제1호에 따른 별장은 제외한다.

○ 지방세법 제104조【정의】

재산세에서 사용하는 용어의 뜻은 다음과 같다.

3. “주택”이란 「주택법」 제2조 제1호에 따른 주택을 말한다. 이 경우 토지와 건축물의 범위에서 주택은 제외한다.

○ 주택법 제2조【정의】

이 법에서 사용하는 용어의 뜻은 다음과 같다.

1. “주택”이란 세대(世帶)의 구성원이 장기간 독립된 주거생활을 할 수 있는 구조로 된 건축물의 전부 또는 일부 및 그 부속토지를 말하며, 단독주택과 공동주택으로 구분한다.

07 아들과 주민등록은 같이 되어 있지만, 아들은 실제 외국회사에서 근무중입니다. 이런 경우 아들과 별도세대로 볼 수 있을까요?

(서면-2022-부동산-0627 [부동산납세과-894])

Answer

형식상의 주민등록내용에도 불구하고 실질적인 생활관계등을 고려하여 사실판단할 사항입니다.

[근거]

"세대"라 함은 소유자 및 그 배우자가 그들과 동일한 주소 또는 거소에서 생계를 같이 하는 가족과 함께 구성하는 1세대를 말하는 것이나, 동일세대인지는 형식상의 주민등록내용에도 불구하고 실질적인 생활관계등을 고려하여 사실판단할 사항입니다.

[법령]

○ 종합부동산세법 시행령 제1조의2【세대의 범위】

① 「종합부동산세법」(이하 "법"이라 한다) 제2조 제8호에서 "대통령령이 정하는 것"이라 함은 주택 또는 토지의 소유자 및 그 배우자가 그들과 동일한 주소 또는 거소에서 생계를 같이하는 가족과 함께 구성하는 1세대를 말한다.

Chapter 03

그 외 특례주택 관련

01 **아버지가 돌아가셨는데, 상속재산인 주택을 아직 상속등기 하지 못했습니다. 종합부동산세법상 1세대 1주택 판단시 미등기 상속주택도 주택 수에 포함하여야 하나요?**

(서면-2022-부동산-0627)

Answer

네, 미등기 상속주택도 주택 수에 포함하여 판단해야 합니다.

종합부동산세는 재산세 과세 현황을 따르기 때문에, 주택분 재산세 납세의무자인 세대원은 종합부동산세에서도 주택을 소유하는 것으로 봅니다.

즉 상속주택을 상속등기하지 않았어도, 다음의 순서로 주택분 재산세를 납부하는 자가 종합부동산세에서도 해당 주택을 소유한 것으로 봅니다.

1. 사실상의 소유자
   상속자가 지분에 따라 사실상의 소유자를 신고하면 이에 따라 주택분 재산세 및 종합부동산세 납세의무가 성립합니다.

2. 주된 상속자
   사실상의 소유자 미신고시, 「민법」상 상속지분이 가장 높은 사람이 재산세 및 종합부동산세 납세의무가 있습니다. 단, 상속지분이 가장 높은 사람이 두 명 이상이면 그 중 나이가 가장 많은 사람을 주된 상속자로 합니다.

[근거]

종합부동산세법 제7조에 따라 과세기준일 현재 주택분 재산세의 납세의무자는 종합부동산세를 납부할 의무가 있으며, 주택분 재산세 납세의무자에 해당하는지 여부는 「지방세법」 제107조에 따라 판정하는 것입니다.

따라서, 상속이 개시된 경우로서 상속등기가 이행되지 아니한 주택에 대하여 「지방세법」 제120조 제1항에 따라 상속자가 지분에 따라 신고하면 신고된 지분에 따른 주택분 재산세 및 종합부동산세 납세의무가 성립하고, 사실상 소유자를 신고하지 아니한 경우에는 같은 법 시행규칙 제53조에 따른 주된 상속자에게 주택분 재산세 및 종합부동산세 납세의무가 있는 것입니다.

다만, 같은 법 제120조 제3항에 따라 신고가 사실과 일치하지 아니하거나 신고가 없는 경우로서 지방자치단체의 장이 직권으로 조사하여 재산세 과세대장에 사실상 소유자를 등재한 경우에는 그 사실상 소유자에게 그 주택에 대한 주택분 재산세 및 종합부동산세 납세의무가 있는 것입니다. (서면-2022-부동산-5663, 2023.3.8.)

[법령]

○ 지방세법 제107조【납세의무자】

② 제1항에도 불구하고 재산세 과세기준일 현재 다음 각 호의 어느 하나에 해당하는 자는 재산세를 납부할 의무가 있다

2. 상속이 개시된 재산으로서 상속등기가 이행되지 아니하고 사실상의 소유자를 신고하지 아니하였을 때에는 행정안전부령으로 정하는 주된 상속자

제120조【신고의무】

① 다음 각 호의 어느 하나에 해당하는 자는 과세기준일부터 15일 이내에 그 소재지를 관할하는 지방자치단체의 장에게 그 사실을 알 수 있는 증거자료를 갖추어 신고하여야 한다.

2. 상속이 개시된 재산으로서 상속등기가 되지 아니한 경우에는 제107조 제2항 제2호에 따른 주된 상속자

③ 제1항에 따른 신고가 사실과 일치하지 아니하거나 신고가 없는 경우에는 지방자치단체의 장이 직권으로 조사하여 과세대장에 등재할 수 있다.

○ 지방세법 시행규칙 제53조【주된 상속자의 기준】

법 제107조 제2항 제2호에서 "행정안전부령으로 정하는 주된 상속자"란 「민법」상 상속지분이 가장 높은 사람으로 하되, 상속지분이 가장 높은 사람이 두 명 이상이면 그 중 나이가 가장 많은 사람으로 한다.

02 상속으로 취득한 주택이 있습니다. 일부 지분을 양도하여, 6월 1일 현재 40%의 지분만 소유하고 있습니다. 이런 경우 특례주택으로 보아 중과세율 판단시 주택 수에서 제외될 수 있나요?

(서면-2021-부동산-1750)

Answer

네, 특례주택으로 보아 주택 수에서 제외됩니다.

상속개시일 기준이 아닌, 과세기준일 기준으로 다음의 요건에 해당하는지 판단합니다.

① 상속개시일부터 5년이 경과하지 않은 주택
② 지분율이 40% 이하인 주택
③ 지분율에 상당하는 공시가격이 6억(수도권 밖 3억) 이하인 주택

위의 요건 중 하나라도 충족한다면 특례주택으로 보아 주택 수에 포함하지 않습니다.

1. 위 상속주택 외 1주택만을 보유하고 있는 경우
   1세대 1주택자로 보아, 12억의 공제금액과 세액공제 적용이 가능합니다.

2. 위 상속주택 외 2주택을 보유하고 있는 경우
   2주택자로 보아, 일반세율이 적용됩니다. 즉, 아무리 공시가격의 합이 커도 중과세율이 적용될 여지가 없습니다.

[근거]

상속을 통해 공동소유한 주택 지분 일부를 상속개시일 후 법인에 양도하여 과세기준일 현재 소유지분율 20% 이하 및 공시가격 3억 이하 요건을 충족하게 되는 경우, 종부령 §4의2③(1) 단서조항을 적용하여 세율 적용 시 주택 수에서 제외할 수 있는 것입니다.

[법령]

○ 종합부동산세법 시행령 제4조의2【1세대 1주택자의 범위】

② 법 제8조 제4항 제3호에서 "대통령령으로 정하는 주택"이란 상속을 원인으로 취득한 주택(「소득세법」 제88조 제9호에 따른 조합원입주권 또는 같은 조 제10호에 따른 분양권을 상속받아 사업시행 완료 후 취득한 신축주택을 포함한다)으로서 다음 각 호의 어느 하나에 해당하는 주택을 말한다.

1. 과세기준일 현재 상속개시일부터 5년이 경과하지 않은 주택
2. 지분율이 100분의 40 이하인 주택
3. 지분율에 상당하는 공시가격이 6억(수도권 밖의 지역에 소재하는 주택의 경우에는 3억) 이하인 주택

○ 종합부동산세법 시행령 제4조의3【주택분 종합부동산세에서 공제되는 재산세액의 계산】

③ 법 제9조 제1항 및 제2항에 따라 주택분 종합부동산세액을 계산할 때 적용해야 하는 주택 수는 다음 각 호에 따라 계산한다.

3. 다음 각 목의 주택은 주택 수에 포함하지 않는다.

나. 상속을 원인으로 취득한 주택(「소득세법」 제88조 제9호에 따른 조합원입주권 또는 같은 조 제10호에 따른 분양권을 상속받아 사업시행 완료 후 취득한 신축주택을 포함한다)으로서 다음의 어느 하나에 해당하는 주택

1) 과세기준일 현재 상속개시일부터 5년이 경과하지 않은 주택

2) 지분율이 100분의 40 이하인 주택

3) 지분율에 상당하는 공시가격이 6억(수도권 밖의 지역에 소재한 주택의 경우에는 3억) 이하인 주택

03 서울에 1주택, 지방에 1주택을 가지고 있습니다. 지방 주택은 공시가가 3억도 안 됩니다. 이런 경우에도 종합부동산세법상 1세대 1주택자에 해당할까요?

(서면-2022-부동산-4650)

Answer

네, 1세대 1주택자에 해당합니다.

과세기준일 현재 다음의 요건을 모두 충족하는 주택은 특례주택에 해당하여 주택 수에 포함하지 않습니다.

① 공시가격이 3억 이하인 주택

② 수도권 밖의 지역으로서 광역시 및 특별자치시가 아닌 지역에 소재할 것

※ 주의점

처음 특례주택 적용시 신청서를 제출하여야 합니다.

지방저가주택이 여러 채인 경우에는 1세대 1주택자로 보지 않습니다.

[근거]

1주택과 「종합부동산세법 시행령」 제4조의2 제3항을 충족하는 지방 저가주택 및 다른 주택의 부속토지를 함께 소유하고 있는 자가 「종합부동산세법 시행령」 제4조의2 제4항에 따른 신청서를 제출하였을 때, 지방 저가주택은 1세대 1주택자 판단시 주택 수에서 제외되고 1주택과 다른 주택의 부속토지를 함께 보유하고 있는 것으로 보아 1세대 1주택자로 볼 수 있는 것입니다.

[법령]

○ 종합부동산세법 제8조【과세표준】

④ 제1항을 적용할 때 다음 각 호의 어느 하나에 해당하는 경우에는 1세대 1주택자로 본다.

4. 1주택과 주택 소재 지역, 주택 가액 등을 고려하여 대통령령으로 정하는 지방 저가주택(이하 "지방 저가주택"이라 한다)을 함께 소유하고 있는 경우

○ 종합부동산세법 시행령 제4조의2【1세대 1주택자의 범위】

③ 법 제8조 제4항 제4호에서 "대통령령으로 정하는 지방 저가주택"이란 다음 각 호의 요건을 모두 충족하는 1주택을 말한다.

1. 공시가격이 3억 이하일 것
2. 수도권 밖의 지역으로서 다음 각 목의 어느 하나에 해당하는 지역에 소재하는 주택일 것
   가. 광역시 및 특별자치시가 아닌 지역
   나. 광역시에 소속된 군
   다. 「세종특별자치시 설치 등에 관한 특별법」 제6조 제3항에 따른 읍·면

④ 법 제8조 제5항에 따라 1세대 1주택자의 적용을 신청하려는 납세의무자는 기획재정부령으로 정하는 신청서를 관할세무서장에게 제출해야 한다.

⑤ 법 제8조 제5항에 따른 신청을 한 납세의무자는 최초의 신청을 한 연도의 다음 연도부터는 그 신청 사항에 변동이 없으면 신청하지 않을 수 있다.

04 법인의 대표이사입니다. 혹시 법인이 보유하고 있는 주택도 개인의 주택 수와 합산될까요?

(서면-2022-부동산-0114)

Answer

아니요, 법인소유 주택은 개인소유 주택과 합산되지 않습니다.

[근거]

법인과 개인은 다른 주체입니다. 「종합부동산세법」 제7조 및 제8조에 따라 과세기준일 현재 주택분 재산세의 납세의무자에게 종합부동산세가 부과됩니다. 이 때 납세의무자별로 주택의 공시가격을 합산한 금액을 과세표준으로 합니다.

[법령]

○ 종합부동산세법 제7조【납세의무자】

① 과세기준일 현재 주택분 재산세의 납세의무자는 종합부동산세를 납부할 의무가 있다.

PART 07

덮으며

PART 07

덮으며

Chapter 01

일시 및 기간

1. 과세기준일

매년 6월 1일이 과세기준일이다. 매년 6월 1일에 종합부동산세 과세대상인 주택이나 토지를 보유하고 있는 자들은 종합부동산세 납세의무가 있다. (종합부동산세법 제3조)

2. 합산배제주택 및 특례주택 신고기간

매년 9월 16일부터 9월 30일까지 합산배제주택 및 특례주택 신고기간이다. 합산배제 임대주택이나 특례주택을 보유한 자는 이 기간에 신고하여야 한다. (종합부동산세법 제8조 제3항)

만약, 이 기간 내에 신고하지 못하였더라면 원칙적인 종합부동산세 신고/납부기간인 12월 1일부터 12월 15일까지 신고/납부할 수 있다.

3. 신고/납부기간

매년 12월 1일부터 12월 15일까지가 종합부동산세 납부기간이다.

즉, 12월 15일이 납부기한이므로 이 전까지 고지된 종합부동산세를 납부하여야 한다. (종합부동산세법 제16조 제3항)

4. 고지서 발급기한

관할 세무서장은 위 신고/납부기간 개시일인 12월 1일로부터 5일 전까지 고지서를 발급하여야 한다. (종합부동산세법 제16조 제2항)

Chapter 02

다른 세목과의 관계

예시: 주거용 오피스텔

1. 취득세

구청 등 지방자치단체에서 부과하는 취득세에서는 오피스텔 자체를 주택으로 보지 않는다.

취득세는 ①주택법에 따른 주택으로서 ②건축물대장이나 등기부에 주택으로 기재되어 있는 것만 주택 취득세율을 부과한다.

오피스텔은 주택법에 따른 주택이 아닌 준주택이기 때문에 오피스텔을 주거용으로 사용하더라도 주택 취득세율이 적용되지 않는다. 따라서 오피스텔 취득시 약 4.6%의 취득세율이 적용된다.

2. 재산세

구청 등 지방자치단체에서 부과하는 재산세에서는 오피스텔 자체를 주택으로 보기도 한다.

취득세와 동일하게 구청 등 지방자치단체에서 부과하지만, 재산세는 현황과세를 원칙으로 하고 있다. 따라서 오피스텔이 주거용으로 사용되고 있는 것이 밝혀지면 주택 재산세율을 적용한다.

하지만 실무적으로 현황과세가 어렵기 때문에 다음의 두 가지 경우에서만 주택 재산세율을 적용한다.

① 주택임대사업자로 해당 오피스텔을 등록한 경우

② 납세자가 직접 재산세 과세대상 변동신고를 한 경우

재산세율은 상가건축물보다 주택이 통상 낮다. 만약, 지방자치단체에서 현황과세로 주거용 오피스텔이 주택으로 사용되고 있음을 밝혀도 더 낮은 재산세율이 적용되기 때문에 세수확보 측면에서 불리하다. 따라서 주거용 오피스텔에 대하여 주택 재산세율을 적용하는 것은 위 두 가지 경우가 대부분이다.

3. 종합부동산세

종합부동산세는 재산세 부과현황을 따라가기 때문에 재산세에서 해당 물건을 주택으로 보지 않은 경우, 종합부동산세에서도 이를 주택으로 보지 않는다.

4. 양도소득세(개인)

세무서 등 중앙정부에서 부과하는 양도소득세에서는 주거용 오피스텔을 주택으로 본다.

양도소득세는 취득세 및 재산세와는 다르게 세무서가 부과주체다. 양도소득세는 실질과세를 대원칙으로 하고 있기 때문에 취득세/재산세/종합부동산세에서 해당 물건을 주택으로 보지 않았다고 하더라도 양도 당시 실질상 주거용으로 사용하고 있다면 주택으로 본다.

또한, 양도소득세 계산시 열거되어 있는 항목(부동산중개비, 세무신고비용 등)만 필요경비로 인정되기 때문에 매년 납부한 종합부동산세는 비용처리가 되지 않는다.

5. 법인세(법인)

세무서 등 중앙정부에서 부과하는 법인세에서는 주거용 오피스텔을 주택으로 본다.

법인세는 양도소득세와 비슷하다. 세무서가 부과주체가 되고, 실질과세를 원칙으로 하기 때문에 실질상 주거용으로 사용하고 있다면 주택으로 본다.

하지만, 양도소득세와는 다르게 매년 법인세 계산시 법인이 납부한 종합부동산세는 필요경비로 인정된다.

◘ 세액계산 흐름도[개인]

구 분	주택분	종합합산 토지분	별도합산 토지분
∑ 공시가격	∑ 주택 공시가격	∑ 종합합산 토지 공시가격	∑ 별도합산 토지 공시가격
−	−		
공제금액	9억 원(1세대 1주택자 12억 원)	5억 원	80억 원
×	×		
공정시장 가액비율	주택분 60%, 토지분 100%		
=	=		
종부세 과세표준	주택분 종합부동산세 과세표준	종합합산 토지분 종합부동산세 과세표준	별도합산 토지분 종합부동산세 과세표준
×	×		
세율(%)	○ 2주택 이하 - 3억원 이하 세율 0.5% 누진공제 없음 - 6억원 이하 세율 0.7% 누진공제 60만원 - 12억원 이하 세율 1.0% 누진공제 240만원 - 25억원 이하 세율 1.3% 누진공제 600만원 - 50억원 이하 세율 1.5% 누진공제 1,100만원 - 94억원 이하 세율 2.0% 누진공제 3,600만원 - 94억원 초과 세율 2.7% 누진공제 1억180만원 ○ 3주택 이상 - 3억원 이하 세율 0.5% 누진공제 없음 - 6억원 이하 세율 0.7% 누진공제 60만원 - 12억원 이하 세율 1.0% 누진공제 240만원 - 25억원 이하 세율 2.0% 누진공제 1,440만원 - 50억원 이하 세율 3.0% 누진공제 3,940만원 - 94억원 이하 세율 4.0% 누진공제 8,940만원 - 94억원 초과 세율 5.0% 누진공제 1억8,340만원	- 15억원 이하 세율 1.0% 누진공제 없음 - 45억원 이하 세율 2.0% 누진공제 1,500만원 - 45억원 초과 세율 3.0% 누 진공제 6,000만원	- 200억원 이하 세율 0.5% 누진공제 없음 - 400억원 이하 세율 0.6% 누진공제 2,000만원 - 400억원 초과 세율 0.7% 누진공제 6,000만원
=	=		
종합부동산 세액	주택분 종합부동산세액	토지분 종합합산세액	토지분 별도합산세액
−	−		
공제할 재산세액	재산세로 부과된 세액 중 종합부동산세 과세표준금액에 부과된 재산세 상당액 → 과세대상 유형별(주택, 종합합산 토지, 별도합산 토지)로 구분하여 계산		
=	=		
산출세액	주택분 산출세액	종합합산 토지분 산출세액	별도합산 토지분 산출세액
−			
세액공제 (%)	【1세대 1주택】 보유 : 5년(20), 10년(40), 15년(50) 연령 : 60세(20), 65세(30), 70세(40) → 중복적용 가능(한도 80%)	해당 없음	해당 없음
−	−		
세부담상한 초과세액	[직전년도 총세액상당액(재산세 + 종부세) × 세부담상한율]를 초과하는 세액 → 세부담상한율 : 150%		
=			
납부할 세액	각 과세유형별 세액의 합계액 [250만원 초과 시 분납 가능(6개월)]		

◘ 세액계산 흐름도[법인]

* 「종합부동산세법」제9조제2항 제1호 및 제2호에 따른 법인 또는 법인으로 보는 단체는 개인과 같이 일반 누진세율 적용

구 분	주택분	종합합산 토지분	별도합산 토지분
∑ 공시가격	∑ 주택 공시가격	∑ 종합합산 토지 공시가격	∑ 별도합산 토지 공시가격
−		−	
공제금액	해당없음	5억원	80억원
×		×	
공정시장 가액비율		주택분 60%, 토지분 100%	
=		=	
종부세 과세표준	주택분 종합부동산세 과세표준	종합합산 토지분 종합부동산세 과세표준	별도합산 토지분 종합부동산세 과세표준
×		×	
세율(%)	**2주택 이하(세율 2.7%)** **3주택 이상(세율 5.0%)**	- 15억원 이하 세율 1.0% 누진공제 없음 - 45억원 이하 세율 2.0% 누진공제 1,500만원 - 45억원 초과 세율 3.0% 누진공제 6,000만원	- 200억원 이하 세율 0.5% 누진공제 없음 - 400억원 이하 세율 0.6% 누진공제 2,000만원 - 400억원 초과 세율 0.7% 누진공제 6,000만원
=		=	
종합부동산 세액	주택분 종합부동산세액	토지분 종합합산세액	토지분 별도합산세액
−		−	
공제할 재산세액		재산세로 부과된 세액 중 종합부동산세 과세표준금액에 부과된 재산세 상당액 → 과세대상 유형별(주택, 종합합산 토지, 별도합산 토지)로 구분하여 계산	
=		=	
산출세액	주택분 산출세액	종합합산 토지분 산출세액	별도합산 토지분 산출세액
−			
세액공제 (%)	해당 없음	해당 없음	해당 없음
−		−	
세부담상한 초과세액	해당 없음	150%	
=			
납부할 세액		각 과세유형별 세액의 합계액 [250만원 초과 시 분납 가능(6개월)]	

별지서식

별지서식

1. 계산흐름 관련

[별지 제3호서식](2023. 3. 20. 개정)

관리번호	-

(20 년도)종합부동산세 신고서

[ ]정기신고, [ ]수정신고, [ ]기한 후 신고

(앞쪽)

납세의무자	성 명 (법인명 또는 단체명)		주민등록번호 (법인등록번호)		
	주 소 (본 점 소 재 지)		연락처	사무실(집)	
	법 인(본 점) 사업자등록번호			휴 대 폰	
				E-메일	

세무대리인	구분	성명	사업장 소재지	사업자등록번호	생년월일	연락처
	[ ] 세 무 사 [ ] 공인회계사 [ ] 변 호 사					

구 분		합 계	주 택	종합합산토지	별도합산토지
① 과 세 물 건 수					
② 과 세 표 준					
③ 세 율					
④ 종 합 부 동 산 세 액					
⑤ 공 제 할 재 산 세 액					
⑥ 산 출 세 액(④-⑤)					
세액공제액	⑦ 고 령 자				
	⑧ 장 기 보 유 자				
⑨ 세부담상한초과세액					
⑩ 결정세액(⑥-⑦-⑧-⑨)					

구 분	금액
⑪ 이 자 상 당 가 산 액	
⑫ 과 소 신 고 가 산 세	
⑬ 납 부 지 연 가 산 세	
⑭ 납 부 할 총 세 액 (⑩ + ⑪ + ⑫ + ⑬)	
⑮ 납 부 유 예 세 액	
⑯ 분 납 할 세 액	
⑰ 신고기한 이내 납부할 세액 (⑭ - ⑮ - ⑯)	

농어촌특별세 납부계산서	
⑱ 과 세 표 준(⑩ + ⑪)	
⑲ 세 율	20%
⑳ 산 출 세 액(⑱ × ⑲)	
㉑ 과 소 신 고 가 산 세	
㉒ 납 부 지 연 가 산 세	
㉓ 납 부 할 총 세 액 (⑳ + ㉑ + ㉒)	
㉔ 납 부 유 예 세 액	
㉕ 분 납 할 세 액	
㉖ 신고기한 이내 납부할 세액 (㉓ - ㉔ - ㉖)	

「종합부동산세법」 제16조(정기신고), 「국세기본법」 제45조(수정신고), 같은 법 제45조의3(기한 후 신고) 및 「농어촌특별세법」 제7조제1항(신고 · 납부 등)에 따라 신고하며, **위 내용을 충분히 검토하였고 신고인이 알고 있는 사실 그대로 정확하게 적었음을 확인합니다.**

년 월 일

신 고 인: (서명 또는 인)

세무대리인은 조세전문자격자로서 위 신고서를 성실하고 공정하게 작성하였음을 확인합니다.

세 무 대 리 인: (서명 또는 인)

세무서장 귀하

제출 서류	1. 종합부동산세 과세표준 계산명세서 1부 2. 과세대상 물건명세서 1부 3. 세부담상한초과세액 계산명세서(세부담 상한을 신청하는 경우에 한합니다) 1부 4. 임대주택 합산배제 (변동)신고서, 사원용주택등 합산배제 (변동)신고서, 1세대 1주택자 판단 시 주택 수 산정 제외 신청서, 세율 적용 시 주택 수 산정 제외 신청서, 법인 주택분 종합부동산세 일반 누진세율 적용 신고서, 종합부동산세 공동명의 1주택자 특례 (변경)신청서, 주택분 종합부동산세액 납부유예 신청서(각각 해당하는 경우에만 제출합니다) 각 1부

210mm×297mm[백상지 80g/㎡ 또는 중질지 80g/㎡]

작성방법

1. ① 과세물건 수: 종합부동산세 과세표준 계산명세서[별지 제3호서식 부표]의 ① 과세물건 수란의 물건 수를 적습니다.
2. ② 과세표준: 종합부동산세 과세표준 계산명세서[별지 제3호서식 부표]의 ⑦ 종합부동산세 과세표준란의 금액을 적습니다.
3. ③ 세율: 아래의 종합부동산세 세율표를 참고하여 과세대상별로 구분하여 ② 과세표준란의 금액에 해당하는 아래의 종합부동산세율을 적습니다.

* 공동소유 주택인 경우 각자가 그 주택을 소유한 것으로 보고, 「건축법 시행령」 별표 1 제1호다목에 따른 다가구주택은 1주택으로 보아 주택 수를 계산하여 세율을 적용합니다. 다만, 「종합부동산세법 시행령」 제4조의3제3항제3호 각 목에 따른 주택은 주택 수에 포함하지 않고 주택 수를 계산하여 세율을 적용합니다.

[종합부동산세 세율표]

과 세 표 준	주택: 2주택 이하 개인* 세율	누진공제	2주택 이하 법인	3주택 이상 개인* 세율	누진공제	3주택 이상 법인	종합합산토지 과 세 표 준	세율	누진공제액	별도합산토지 과 세 표 준	세율	누진공제액
3억원 이하	0.5%	0원	2.7%	0.5%	0원	5.0%	15억원 이하	1.0%	0원	200억원 이하	0.5%	0원
3억원 초과 6억원 이하	0.7%	600,000원		0.7%	600,000원							
6억원 초과 12억원 이하	1.0%	2,400,000원		1.0%	2,400,000원		15억원 초과 45억원 이하	2.0%	15,000,000원	200억원 초과 400억원 이하	0.6%	20,000,000원
12억원 초과 25억원 이하	1.3%	6,000,000원		2.0%	14,400,000원							
25억원 초과 50억원 이하	1.5%	11,000,000원		3.0%	39,400,000원							
50억원 초과 94억원 이하	2.0%	36,000,000원		4.0%	89,400,000원		45억원 초과	3.0%	60,000,000원	400억원 초과	0.7%	60,000,000원
94억원 초과	2.7%	101,800,000원		5.0%	183,400,000원							

*「종합부동산세법 시행령」 제4조의4제1항에 따라 일반 누진세율이 적용되는 법인 또는 법인으로 보는 단체인 경우를 포함합니다.

4. ④ 종합부동산세액: (② 과세표준 × ③ 세율 − 누진공제액) 의 금액을 적습니다. 이 경우 단일세율이 적용되는 법인 주택분은 누진공제액을 차감하지 않습니다.
5. ⑤ 공제할 재산세액: 재산세와 종합부동산세가 중복으로 과세되는 세액을 공제하는 란이며, 종합부동산세 과세표준 계산명세서[별지 제3호서식 부표]의 ⑪ 공제할 재산세액란의 금액을 적습니다.
6. ⑦ 고령자 세액공제액: 과세기준일 현재 만 60세 이상인 1세대 1주택자에 해당하는 경우 ⑥ 산출세액에 아래의 공제율을 곱한 금액을 적습니다. 다만, 1세대 1주택자로서 1주택과 「종합부동산세법」 제8조 각 호에 따른 주택(다른 주택의 부속토지·대체취득 주택·상속주택·지방 저가주택)을 소유하고 있는 경우에는 (산출세액 × 1주택의 공시가격 / 1주택과 다른 주택의 부속토지·대체취득 주택·상속주택·지방 저가주택의 공시가격 합계액)의 금액에 아래의 공제율을 곱한 금액을 적습니다.

연 령	공 제 율
만 60세 이상 65세 미만	20%
만 65세 이상 70세 미만	30%
만 70세 이상	40%

7. ⑧ 장기보유자 세액공제액: 과세기준일 현재 5년 이상 1세대 1주택을 보유한 경우 ⑥ 산출세액에 아래의 공제율을 곱한 금액을 적습니다. 다만, 1세대 1주택자로서 1주택과 「종합부동산세법」 제8조 각 호에 따른 주택(다른 주택의 부속토지·대체취득 주택·상속주택·지방 저가주택)을 소유하고 있는 경우에는 (산출세액 × 1주택의 공시가격 / 1주택과 다른 주택의 부속토지·대체취득 주택·상속주택·지방 저가주택의 공시가격 합계액)의 금액에 아래의 공제율을 곱한 금액을 적습니다.

보유기간	공제율
5년 이상 10년 미만	20%
10년 이상	40%
15년 이상	50%

* 공제한도 : 고령자 세액공제액과 장기보유자 세액공제액을 합한 금액이 산출세액의 80%를 넘지 않는 금액

8. ⑨ 세부담상한초과세액: 세부담상한이 적용되는 경우(단일세율이 적용되는 법인 주택분은 적용되지 않습니다)로서 세부담상한초과세액 계산명세서(별지 제5호서식)의 ㉑ 세부담상한초과세액란의 금액을 적습니다.
9. ⑪ 이자상당가산액: 「종합부동산세법」 제17조제5항 및 「조세특례제한법」 제104조의19제3항에 따른 이자상당가산액을 적습니다.
10. ⑫, ㉑ 과소신고가산세: 「국세기본법」 제47조의3에 따른 가산세를 적습니다.
11. ⑬, ㉒ 납부지연가산세: 「국세기본법」 제47조의4에 따른 가산세를 적습니다.
12. ⑯, ㉕ 분납할 세액: 「종합부동산세법 시행령」 제16조제1항 및 「농어촌특별세법」 제9조제1항에 따라 분납할 세액을 각각 적습니다.
13. ⑱ 과세표준: ⑩ 결정세액과 ⑪ 이자상당가산액의 합계금액을 적습니다.

210mm×297mm[백상지 80g/㎡ 또는 중질지 80g/㎡]

[별지 제3호서식 부표] (2023. 3. 20. 개정)

(20 년도)종합부동산세 과세표준 계산명세서

(앞쪽)

1. 납세의무자

성 명 (법인명 또는 단체명)		주민등록번호 (법인 등 사업자등록번호)	-
주 소 (본 점 소 재 지)			

2. 과세표준 계산

구 분	주 택		종합합산토지	별도합산토지
① 과 세 물 건 수				
② 과 세 면 적	토지	㎡	㎡	㎡
	건물	㎡		
③ 감 면 후 공 시 가 격				
④ 공 제 금 액			500,000,000	8,000,000,000
⑤ 공 정 시 장 가 액 비 율				
⑥ 종합부동산세 과세표준 (③ - ④) × ⑤				
⑦ 해 당 연 도 재 산 세 액				
⑧ 과 세 표 준 표 준 세 율 재 산 세 액				
⑨ 총 표 준 세 율 재 산 세 액				
⑩ 공 제 할 재 산 세 액 (⑦ × ⑧ / ⑨)				

210mm×297mm[백상지 80g/㎡ 또는 중질지 80g/㎡]

(뒤쪽)

작성방법

1. ① 과세물건 수: 과세대상 물건명세서(별지 제4호의2서식부터 별지 제4호의4서식까지)의 물건 수를 주택, 종합합산토지 및 별도합산토지별로 각각 적습니다.
2. ② 과세면적: 주택은 주택분 과세대상 물건명세서[별지 제4호의2서식(1)] ① 과세면적란의 토지와 건물의 합계를 적고, 종합합산토지는 시 · 군 · 구 별로 작성된 종합합산토지분 과세대상 물건명세서[별지 제4호의3서식(1)] ① 과세면적란의 합계를 더하여 적으며, 별도합산토지는 시 · 군 · 구 별로 작성된 별도합산토지분 과세대상 물건명세서[별지 제4호의4서식(1)] ① 과세면적란의 합계를 더하여 적습니다.
3. ③ 감면 후 공시가격: 주택은 주택분 과세대상 물건명세서[별지 제4호의2서식(1)] ② 감면 후 공시가격란의 합계금액을 적고, 종합합산토지는 시 · 군 · 구 별로 작성된 종합합산토지분 과세대상 물건명세서[별지 제4호의3서식(1)] ② 감면 후 공시가격란의 합계금액을 더하여 적으며, 별도합산토지는 시 · 군 · 구 별로 작성된 별도합산토지분 과세대상 물건명세서[별지 제4호의4서식(1)] ② 감면 후 공시가격란의 합계금액을 더하여 적습니다. 세부담상한이 적용되는 경우에는 세부담상한초과세액 계산명세서(별지 제5호서식) ① 감면 후 공시가격란의 금액과 동일합니다.
   * 「지방세특례제한법」 등에 따른 재산세가 감면된 경우에도 1세대가 1주택 이상 보유한 상태에서 「주택법」 제63조의2에 따른 조정대상지역 내 주택을 취득하고 장기일반민간임대주택 등으로 등록한 경우에는 종합부동산세 감면을 배제합니다.
4. ④ 1세대 1주택자는 12억원, 단일세율이 적용되는 법인은 0원, 그 외의 경우에는 9억원을 적습니다.
   * 공동 소유 주택인 경우 각자가 그 주택을 소유한 것으로 보아 1세대 1주택 여부를 판정하고, 다가구주택은 1주택으로 봅니다. 다만, 「종합부동산세법」 제8조제4항에 따라 1주택과 다른 주택의 부속토지·대체취득 주택·상속주택·지방 저가주택을 함께 소유한 자와 같은 법 제10조의2에 따른 부부 공동소유 1주택자는 1세대 1주택자로 봅니다.
5. ⑤ 공정시장가액비율: 아래의 과세대상별로 구분한 연도별 공정시장가액비율을 적습니다.

[종합부동산세 공정시장가액비율]

과세대상	2018년	2019년	2020년	2021년	2022년	2023년 이후
주택	80 %	85 %	90 %	95 %	60 %	60 %
종합합산토지	80 %	85 %	90 %	95 %	100 %	100 %
별도합산토지	80 %	85 %	90 %	95 %	100 %	100 %

6. ⑦ 해당연도 재산세액: 주택은 주택분 과세대상 물건명세서[별지 제4호의2서식(1)] ③ 부과된 재산세액란의 합계금액을 적고, 종합합산토지는 시 · 군 · 구 별로 작성된 종합합산토지분 과세대상 물건명세서[별지 제4호의3서식(1)] ③ 부과된 재산세액란의 합계금액을 더하여 적으며, 별도합산토지는 시 · 군 · 구 별로 작성된 별도합산토지분 과세대상 물건명세서[별지 제4호의4서식(1)] ③ 부과된 재산세액란의 합계금액을 더하여 적습니다.
7. ⑧ 과세표준 표준세율 재산세액: 주택은 {[(③ 감면 후 공시가격 - 9억*(1세대 1주택은 12억)] × 종합부동산세 공정시장가액비율 × 재산세 공정시장가액비율 × 0.4%}, 종합합산토지는 [(③ 감면 후 공시가격 - 5억) × 종합부동산세 공정시장가액비율 × 재산세 공정시장가액비율 × 0.5%], 별도합산토지는 [(③ 감면 후 공시가격 - 80억) × 종합부동산세 공정시장가액비율 × 재산세 공정시장가액비율 × 0.4%]의 금액을 적습니다.
   * 「종합부동산세법 시행령」 제4조의3제1항에 따라 주택분 종합부동산세를 산정하는 경우로서 일반 누진세율 적용을 신청한 법인의 경우에는 위 산식을 적용하나 단일세율이 적용되는 법인의 경우 9억원을 공제하지 않으며 아래 산식을 적용합니다.
     → (감면 후 공시가격 × 종합부동산세 공정시장가액비율 × 재산세 공정시장가액비율) × 재산세율 - 누진공제액
8. ⑨ 총표준세율 재산세액: 재산세 과세표준에 아래의 재산세 세율을 적용하여 과세대상별로 구분하여 [재산세 과세표준(= ③ 감면 후 공시가격 × 재산세 공정시장가액비율) × 세율 - 누진공제액]의 금액을 적습니다.

[재산세 세율표]

<table>
<tr><th colspan="3">주 택</th><th colspan="3">종합합산토지</th><th colspan="3">별도합산토지</th></tr>
<tr><th>과 세 표 준</th><th>세 율</th><th>누진
공제액</th><th>과 세 표 준</th><th>세 율</th><th>누진공제액</th><th>과 세 표 준</th><th>세 율</th><th>누진공제액</th></tr>
<tr><td>6천만원 이하</td><td>0.1%</td><td>0원</td><td rowspan="2">5천만원 이하</td><td rowspan="2">0.2%</td><td rowspan="2">0원</td><td rowspan="2">2억원 이하</td><td rowspan="2">0.2%</td><td rowspan="2">0원</td></tr>
<tr><td rowspan="2">6천만원 초과
1억5천만원 이하</td><td rowspan="2">0.15%</td><td rowspan="2">30,000원</td></tr>
<tr><td rowspan="2">5천만원 초과
1억원 이하</td><td rowspan="2">0.3%</td><td rowspan="2">50,000원</td><td rowspan="2">2억원 초과
10억원 이하</td><td rowspan="2">0.3%</td><td rowspan="2">200,000원</td></tr>
<tr><td rowspan="2">1억5천만원 초과
3억원 이하</td><td rowspan="2">0.25%</td><td rowspan="2">180,000원</td></tr>
<tr><td rowspan="2">1억원 초과</td><td rowspan="2">0.5%</td><td rowspan="2">250,000원</td><td rowspan="2">10억원 초과</td><td rowspan="2">0.4%</td><td rowspan="2">1,200,000원</td></tr>
<tr><td>3억원 초과</td><td>0.4%</td><td>630,000원</td></tr>
</table>

210mm×297mm[백상지 80g/㎡ 또는 중질지 80g/㎡]

[별지 제5호서식] (2023. 3. 20. 개정)

(20 년도)세부담상한초과세액 계산명세서

(앞쪽)

1. 납세의무자

성 명 (법인명 또는 단체명)		주민등록번호 (법인 등 사업자등록번호)	
주 소 (본 점 소 재 지)			

2. 세부담상한초과세액 계산

(1) 재산세 공제 전 종합부동산세액 계산

구 분	① 감면 후 공시가격	② 공제금액	③공정시장 가액비율	④종합부동산세 과세표준 (①-②)×③	⑤세율	⑥ 재산세 공제 전 종합부동산세액
주 택						
종합합산토지		5억원				
별도합산토지		80억원				

(2) 세부담상한 전 종합부동산세액 계산

구 분	공제할 재산세액				⑪1세대 1주택자 세액공제액	⑫세부담상한 전 종합부동산세액 (⑥-⑩-⑪)
	⑦해당연도 재산세액	⑧과세표준 표준세율재산세액	⑨총표준세율 재산세액	⑩공제할 재산세액 (⑦×⑧/⑨)		
주 택						
종합합산토지						
별도합산토지						

(3) 종합부동산세 세부담상한액 계산

구 분	전년도 총세액상당액			⑯ 상한비율	⑰ 세부담상한액 (⑮×⑯)
	⑬ 재산세	⑭ 종합부동산세	⑮ 합계(⑬+⑭)		
주택				150%	
종합합산토지					
별도합산토지					

(4) 세부담상한초과세액 계산

구 분	⑲ 해당연도총세액상당액 (⑦+⑫)	⑲ 세부담상한액(⑰)	⑳ 세부담상한초과세액 (⑱-⑲ 〉 0)
주 택			
종합합산토지			
별도합산토지			

210mm×297mm[백상지 80g/㎡ 또는 중질지 80g/㎡]

(뒤쪽)

작 성 방 법

1. ① 감면 후 공시가격: 주택은 주택분 과세대상 물건명세서[별지 제4호의2서식(1)] ② 감면 후 공시가격란의 금액을 적고, 종합합산토지는 시 · 군 · 구 별로 작성된 종합합산토지분 과세대상 물건명세[(별지 제4호의3서식(1)] ② 감면 후 공시가격란의 금액을 더하여 적으며, 별도합산토지는 시 · 군 · 구 별로 작성된 별도합산토지분 과세대상 물건명세서[별지 제4호의4서식(1)] ② 감면 후 공시가격란의 금액을 더하여 적습니다.
2. ③ 공정시장가액비율: 아래의 과세대상별로 구분한 연도별 공정시장가액비율을 적습니다.

[종합부동산세 공정시장가액비율]

과세대상	2018년	2019년	2020년	2021년	2022년	2023년 이후
주택	80%	85%	90%	95 %	60%	60%
종합합산토지	80%	85%	90%	95 %	100%	100%
별도합산토지	80%	85%	90%	95 %	100%	100%

3. ⑤ 세율: 아래의 종합부동산세 세율표를 참고하여 과세대상별로 구분하여 ④ 종합부동산세 과세표준란의 금액에 해당하는 세율을 적습니다.

[종합부동산세 세율표]

과 세 표 준	주 택				종합합산토지			별도합산토지		
	2주택 이하*		3주택 이상*							
	세율	누진공제	세율	누진공제	과세표준	세율	누진공제액	과세표준	세율	누진공제액
3억원 이하	0.5%	0원	0.5%	0원	15억원 이하	1.0%	0원	200억원 이하	0.5%	0원
3억원 초과 6억원 이하	0.7%	600,000원	0.7%	600,000원						
6억원 초과 12억원 이하	1.0%	2,400,000원	1.0%	2,400,000원	15억원 초과 45억원 이하	2.0%	15,000,000원	200억원 초과 400억원 이하	0.6%	20,000,000원
12억 초과 25억원 이하	1.3%	6,000,000원	2.0%	14,400,000원						
25억원 초과 50억원 이하	1.5%	11,000,000원	3.0%	39,400,000원						
50억원 초과 94억원 이하	2.0%	36,200,000원	4.0%	89,400,000원	45억원 초과	3.0%	60,000,000원	400억원 초과	0.7%	60,000,000원
94억원 초과	2.7%	101,800,000원	5.0%	183,400,000원						

* 「종합부동산세법 시행령」 제4조의4제1항에 따라 일반 누진세율이 적용되는 법인 또는 법인으로 보는 단체인 경우를 포함합니다.

4. ⑥ 재산세 공제 전 종합부동산세액: [(④ 종합부동산세 과세표준 × ⑤ 세율 - 누진공제액)]의 금액을 적습니다.
5. ⑦ 해당 연도 재산세액: 주택은 주택분 과세대상 물건명세서[별지 제4호의2서식(1)] ③ 부과된 재산세액란의 합계금액을 적고, 종합합산토지는 시 · 군 · 구 별로 작성된 종합합산토지분 과세대상 물건명세서[별지 제4호의3서식(1)] ③ 부과된 재산세액란의 합계금액을 더하여 적으며, 별도합산토지는 시 · 군 · 구 별로 작성된 별도합산토지분 과세대상 물건명세서[별지 제4호의4서식(1)] ③ 부과된 재산세액의 합계금액을 더하여 적습니다.
6. ⑧ 과세표준 표준세율 재산세액: 주택은 [(① 감면 후 공시가격 - 9억(1세대 1주택은 12억)) × 종합부동산세 공정시장가액비율 × 재산세 공정시장가액비율 × 0.4%], 종합합산토지는 [(① 감면 후 공시가격 - 5억) × 종합부동산세 공정시장가액비율 × 재산세 공정시장가액비율 × 0.5%], 별도합산토지는 [(① 감면 후 공시가격 - 80억) × 종합부동산세 공정시장가액비율 × 재산세 공정시장가액비율 × 0.4%]의 금액을 적습니다.
7. ⑨ 총표준세율 재산세액: 재산세 공정시장가액비율과 아래의 재산세 세율을 적용하여 과세대상별로 구분하여[재산세 과세표준 (= ① 감면 후 공시가격 × 재산세 공정시장가액비율) × 세율 - 누진공제액]의 금액을 적습니다.

[재산세 세율표]

주 택			종합합산토지			별도합산토지		
과세표준	세율	누진공제액	과세표준	세율	누진공제액	과세표준	세율	누진공제액
6천만원 이하	0.1%	0원	5천만원 이하	0.2%	0원	2억원 이하	0.2%	0원
6천만원 초과 1억5천만원 이하	0.15%	30,000원	5천만원 초과 1억원 이하	0.3%	50,000원	2억원 초과 10억원 이하	0.3%	200,000원
1억5천만원 초과 3억원 이하	0.25%	180,000원	1억원 초과	0.5%	250,000원	10억원 초과	0.4%	1,200,000원
3억원 초과	0.4%	630,000원						

8. ⑪ 1세대 1주택자 세액공제액: 「종합부동산세법」 제9조제6항에 따른 고령자 세액공제 및 같은 법 제9조제7항에 따른 장기보유자 세액공제액의 합계액을 적습니다.
   * 공제한도 : 고령자 세액공제액과 장기보유자 세액공제액을 합한 금액이 산출세액의 80%를 넘지 않는 금액
9. ⑬ 재산세: 직전 연도 종합부동산세상당액 계산서(별지 제5호서식 부표) ⑦ 재산세 상당액란의 금액을 과세대상별로 구분하여 적습니다.
10. ⑭ 종합부동산세: 직전 연도 종합부동산세상당액 계산서(별지 제5호서식 부표) ⑫ 종합부동산세 상당액란의 금액을 과세대상별로 구분하여 적습니다.

210mm×297mm[백상지 80g/㎡ 또는 중질지 80g/㎡]

[별지 제5호서식 부표] (2023. 3. 20. 개정)

직전연도(년) 종합부동산세상당액 계산서

(앞쪽)

1. 납세의무자

성 명 (법인명 또는 단체명)		주 민 등 록 번 호 (법인 등 사업자등록번호)	-
주 소 (본 점 소 재 지)			

2. 종합부동산세상당액 계산

(1) 재산세 공제 전 종합부동산세액 계산

구 분	①감 면 후 공 시 가 격	②공 제 금 액	③공정시장 가액비율	④종합부동산세 과세표준 {(①-②)×③}	⑤ 세율	⑥ 재산세 공제 전 종합부동산세액
주 택		600,000,000 (1세대 1주택자: 1,100,000,000)				
종합합산토지		500,000,000				
별도합산토지		8,000,000,000				

(2) 종합부동산세 상당액 계산

구 분	공제할 재산세액				⑪ 1세대 1주택자 세액공제액	⑫종합부동산세 상당액 (⑥-⑩-⑪)
	⑦재 산 세 상 당 액	⑧ 과세표준에 대한 표준세율재산세액	⑨ 총표준세율 재산세액	⑩ 공 제 할 재산세액 (⑦ × ⑧ / ⑨)		
주 택						
종합합산토지						
별도합산토지						

210mm×297mm[백상지 80g/㎡ 또는 중질지 80g/㎡]

작 성 방 법

1. ① 감면 후 공시가격: 주택은 주택분 과세대상 물건명세서[별지 제4호의2서식(1)] ④ 감면 후 공시가격란의 합계금액을 적고, 종합합산토지는 시·군·구별로 작성된 종합합산토지분 과세대상 물건명세서[별지 제4호의3서식(1)] ④ 감면 후 공시가격란의 합계금액을 더하여 적으며, 별도합산토지는 시·군·구별로 작성된 별도합산토지분 과세대상 물건명세서[별지 제4호의4서식(1)] ④ 감면 후 공시가격란의 합계금액을 더하여 적습니다.

2. ③ 공정시장가액비율: 아래의 과세대상별로 구분한 연도별 공정시장가액비율을 적습니다.

[종합부동산세 공정시장가액비율]

과세대상	2018년	2019년	2020년	2021년	2022년	2023년 이후
주택	80 %	85 %	90 %	95 %	60 %	60 %
종합합산토지	80 %	85 %	90 %	95 %	100 %	100 %
별도합산토지	80 %	85 %	90 %	95 %	100 %	100 %

3. ⑤ 세율: 종합부동산세 세율표를 참고하여 과세대상별로 구분하여 ④ 종합부동산세 과세표준란의 금액에 해당하는 세율을 적습니다.

[2022년 종합부동산세 세율표] 직전연도가 2022년도인 경우에는 아래 세율표를 적용합니다.

과 세 표 준	주택 일반 세율	주택 일반 누진공제	주택 3주택등* 세율	주택 3주택등* 누진공제	종합합산토지 과 세 표 준	종합합산토지 세율	종합합산토지 누진공제액	별도합산토지 과 세 표 준	별도합산토지 세율	별도합산토지 누진공제액
3억원 이하	0.6%	0원	1.2%	0원	15억원 이하	1.0%	0원	200억원 이하	0.5	0원
3억원 초과 6억원 이하	0.8%	600,000원	1.6%	1,200,000원						
6억원 초과 12억원 이하	1.2%	3,000,000원	2.2%	4,800,000원	15억원 초과 45억원 이하	2.0%	15,000,000원	200억원 초과 400억원 이하	0.6	20,000,000원
12억원 초과 50억원 이하	1.6%	7,800,000원	3.6%	21,600,000원						
50억원 초과 94억원 이하	2.2%	37,800,000원	5.0%	91,600,000원	45억원 초과	3.0%	60,000,000원	400억원 초과	0.7	60,000,000원
94억원 초과	3.0%	113,000,000원	6.0%	185,600,000원						

* 3주택 등 : 3주택 이상 소유하거나 조정대상지역 내 2주택을 소유한 경우

예시) 2023년 과세기준일 현재 조정대상지역 내 2주택자는 직전연도(2022년) 주택분 종합부동산세상당액 세율 적용 시 3주택등 세율을 적용합니다.

4. ⑥ 재산세 공제 전 종합부동산세액: 과세대상별로 구분하여 (④ 종합부동산세 과세표준 × ⑤ 세율 - 누진공제액)의 금액을 적습니다.

5. ⑦ 재산세상당액: 주택은 주택분 과세대상 물건명세서[별지 제4호의2서식(1)] ⑤ 표준세율 재산세액란의 합계금액을 적고, 종합합산토지는 시·군·구별로 작성된 종합합산토지분 과세대상 물건명세서[별지 제4호의3서식(1)] ⑤ 표준세율 재산세액란의 합계금액을 더하여 적으며, 별도합산토지는 시·군·구별로 작성된 별도합산토지분 과세대상 물건명세서[별지 제4호의4서식(1)] ⑤ 표준세율 재산세액란의 합계금액을 더하여 적습니다.

6. ⑧ 과세표준에 대한 표준세율 재산세액: 주택은 [④ 종합부동산세 과세표준 × 재산세 공정시장가액비율 × 0.4%]의 금액을 적고, 종합합산토지는 [④ 종합부동산세 과세표준 × 재산세 공정시장가액비율 × 0.5%]의 금액을 적으며, 별도합산토지는 [④ 종합부동산세 과세표준 × 재산세 공정시장가액비율 × 0.4%]의 금액을 적습니다.

7. ⑨ 총표준세율 재산세액: 위의 재산세 공정시장가액비율과 아래의 재산세 세율표를 적용하여 과세대상별로 구분하여 [① 감면 후 공시가격 × 재산세 공정시장가액비율 × 세율 - 누진공제액]의 금액을 적습니다.

[재산세 세율표]

주택 과 세 표 준	주택 세 율	주택 누진공제액	종합합산토지 과 세 표 준	종합합산토지 세 율	종합합산토지 누진공제액	별도합산토지 과 세 표 준	별도합산토지 세 율	별도합산토지 누진공제액
6천만원 이하	0.1%	0원	5천만원 이하	0.2%	0원	2억원 이하	0.2%	0원
6천만원 초과 1억 5천만원 이하	0.15%	30,000원	5천만원 초과 1억원 이하	0.3%	50,000원	2억원 초과 10억원 이하	0.3%	200,000원
1억 5천만원 초과 3억원 이하	0.25%	180,000원	1억원 초과	0.5%	250,000원	10억원 초과	0.4%	1,200,000원
3억원 초과	0.4%	630,000원						

8. ⑪ 1세대 1주택자 세액공제액: 「종합부동산세법」 제9조제6항에 따른 고령자 세액공제 및 같은 법 제9조제7항에 따른 장기보유자 세액공제액의 합계액을 적습니다.

   * 공제한도 : 고령자 세액공제액과 장기보유자 세액공제액을 합한 금액이 산출세액의 80%를 넘지 않는 금액

9. ⑫ 종합부동산세상당액: 과세대상별로 구분하여 (⑥ 재산세 공제 전 종합부동산세액 - ⑩ 공제할 재산세액 - ⑪ 1세대 1주택자 세액공제액)의 금액을 적습니다.

210mm×297mm[백상지 80g/㎡ 또는 중질지 80g/㎡]

2. 특례 관련

(1) 부부공동명의

[별지 제2호의5서식] (2023. 3. 20. 개정)

(20 년도)종합부동산세 공동명의 1주택자 특례 (변경)신청서

※ 작성방법을 읽고 작성해 주시기 바라며, [ ]에는 해당되는 곳에 √표를 합니다.

신청인	성명		주민등록번호	
	주소		(☎ :)	

① 신청유형	[ ] 최초 [ ] 변경(지분율 변경[ ], 납세의무자 변경[ ]) [ ] 특례 취소

신청내용	② 납세의무자 (지분율이 같거나 높은 사람)		주민등록번호	
	③ 납세의무자의 배우자		주민등록번호	

점검 항목	1. 납세의무자의 공동주택에 대한 지분율이 배우자보다 높거나 같아야 합니다.	[ ]
	2. 납세의무자의 배우자에게 공동소유 주택 외에 다른 주택(부속토지 포함)이 없어야 합니다.	[ ]
	3. 납세의무자의 배우자를 제외한 다른 세대원이 소유한 주택(부속토지 포함)이 없어야 합니다.	[ ]

※ 공동명의 1주택자 특례를 적용받기 위해서는 점검항목 요건을 모두 충족해야 합니다. 요건을 충족하는 경우 [ ]에 √표를 합니다.

「종합부동산세법」 제10조의2 및 같은 법 시행령 제5조의2에 따라 위와 같이 공동명의 1주택자 납세의무 등에 관한 특례 적용을 (변경)신청합니다.

위의 신청사항에 대해 배우자의 동의를 받아 공동명의 특례를 신청했음을 확인합니다.

년 월 일

신청인 (서명 또는 인)

세무서장 귀하

신청인 제출서류	혼인관계증명서 1부	수수료 없음
담당 공무원 확인사항	부부 공동명의 주택의 건물등기사항증명서	

작성방법

※ 이 서식은 최초로 종합부동산세 공동명의 1주택자 특례 적용을 신청을 하거나 신청한 사항에 변동사항이 있는 경우 작성합니다.

1. ① 신청유형: 1세대 1주택 특례 적용을 처음 신청하는 경우에는 "최초", 최초 신청 후 지분율이 변경되거나 납세의무자를 변경하는 경우에는 "변경", 1세대 1주택 특례적용 신청 후 부부 공동명의 각각의 주택으로 환원하여 적용받으려는 경우에는 "특례 취소"의 [ ]에 √ 표시를 합니다.
2. ② 납세의무자: 부부 중 주택에 대한 지분율이 높은 사람을 적으며, 지분율이 같은 경우에는 공동 소유자간 합의에 따라 정한 사람의 성명을 적습니다.
3. ③ 납세의무자의 배우자: ② 납세의무자의 배우자의 성명을 적습니다.

※ 납세의무자가 1주택과 대체취득 주택, 상속주택, 지방 저가주택을 소유하고 있는 경우에는 1세대 1주택자 판단 시 주택 수 산정 제외 신청서를 추가로 제출해야 합니다.

210mm×297mm[백상지 80g/㎡ 또는 중질지 80g/㎡]

(2) 합산배제주택

[별지 제1호서식(1)] (2021. 3. 16. 개정)

(20 년도)임대주택 합산배제 (변동)신고서(갑)

(「종합부동산세법 시행령」 제3조제1항에 따른 주택)

(앞쪽)

1. 납세의무자

성 명 (법인명 또는 단체명)		주 민 등 록 번 호 (법인등 사업자등록번호)		주 소 (본점 소재지)	(☎:)

2. 합산배제 (변동)신고 주택명세

(단위: ㎡, 원)

번호	① 신고구분	② 공공구분	③ 소 재 지	임대구분 등				공시가격 등		등록사항		임차인				조정대상지역 (장기일반민간 임대주택 취득 등)	
				④ 임대구분	⑤ 취득사유	⑥ 주택구분	⑦ 전용면적	⑧ 공시가격	⑨ 임대개시일 등	⑩시군구 등록번호 (등록일)	⑪세무서 등록번호 (등록일)	⑫ 성명	⑬ 주민등록번호	⑭ 월세	⑮ 임대보증금	⑯ 조정대상지역공고일	⑰ 취득일자, 계약일자
1																	
2																	
3																	
4																	
5																	
6																	
7																	
8																	

「종합부동산세법 시행령」 제3조제9항에 따라 위의 주택에 대하여 종합부동산세 과세표준 합산배제를 (변동)신고합니다.

년 월 일

신 고 인: (서명 또는 인)

세 무 대 리 인: (서명 또는 인)

세무서장 귀하

297㎜×210㎜[일반용지 60g/㎡(재활용품)]

(뒤쪽)

작성방법

※ 이 서식은 최초로 합산배제 신고를 하거나 지난 연도에 신고한 자로서 신고내용의 변동사항이 있는 경우에 작성하며, 공동으로 소유하는 주택의 경우에는 소유자별로 각각 합산배제 신고서를 작성합니다.

1. ① 신고구분: 최초로 합산배제 신고를 하거나 지난 연도에 신고한 자로서 이미 신고한 합산배제 주택 외에 추가적으로 합산배제 신고할 주택이 있는 경우에는 "추가"를, 지난 연도에 합산배제 신고한 주택을 합산배제 대상에서 제외할 경우에는 "제외"를, 재건축 · 재개발 및 소규모주택정비사업에 따른 종전 (임대)주택과 새로 취득한 (임대)주택의 임대기간 합산을 신청하려는 경우 또는 「주택법」에 따른 리모델링 사업의 허가일(또는 사업계획승인일) 전의 임대기간과 준공일 후의 임대기간 합산을 신청하려는 경우에는 "재건축 등"으로 적습니다.
2. ② 공공구분: 「공공주택 특별법」에 따른 공공임대주택은 "공공", 「민간임대주택에 관한 특별법」에 따른 민간임대주택은 "민간"으로 적습니다.
3. ③ 소재지: 임대주택의 소재지(동 · 호수를 포함합니다)를 적습니다.
4. ④ 임대구분: 건설임대주택은 "건설", 매입임대주택은 "매입", 기존임대주택은 "기존", 미임대 민간건설임대주택은 "미임대 민간건설", 리츠 · 펀드매입임대주택은 "리츠 · 펀드", 미분양매입임대주택은 "미분양매입"을 각각 적습니다.

가. 건설임대주택: 「민간임대주택에 관한 특별법」 제2조제2호에 따른 민간건설임대주택과 「공공주택 특별법」 제2조제1호의2에 따른 공공건설임대주택으로서 과세기준일(매년 6월 1일) 현재 임대사업자등록(시 · 군 · 구)과 사업자등록(세무서)을 하여 임대하는 주택

나. 매입임대주택: 「민간임대주택에 관한 특별법」 제2조제3호에 따른 민간매입임대주택과 「공공주택 특별법」 제2조제1호의3에 따른 공공매입임대주택 으로서 과세기준일(매년 6월 1일) 현재 임대사업자등록(시 · 군 · 구)과 사업자등록(세무서)을 하여 임대하는 주택(임대보증금 또는 임대료의 증가율이 100분의 5를 초과하지 않을 것)

- 「민간임대주택에 관한 특별법」 제2조제3호에 따른 민간매입임대주택의 경우(5년 이상 계속 임대, 과세기준일 현재 공시가격 6억원 이하(「수도권 정비계획법」 제2조제1호에 따른 수도권 밖의 지역인 경우 3억원 이하)일 것)에는 2018년 3월 31일 이전에 같은 법 제5조에 따른 임대사업자 등록과 사업자등록(임대개시)을 한 주택으로 한정한다.
- 2018년 4월 1일 이후는 장기일반민간임대주택 등으로서 임대개시일 또는 최초로 합산배제신고를 한 연도의 과세기준일의 공시가격이 6억원(수도권 밖의 지역 3억원) 이하이고, 8년 이상 계속하여 임대하는 것일 것

다. 기존임대주택: 「종합부동산세법」 최초 시행일(2005년 1월 5일) 현재 임대사업자등록(시 · 군 · 구)을 하여 임대하고 있던 주택으로서 과세기준일(매년 6월 1일) 현재 사업자등록(세무서)을 하여 임대하는 주택

라. 미임대 민간건설임대주택: 「민간임대주택에 관한 특별법」 제2조제2호에 따른 민간건설임대주택으로서 사용승인 받은 날(사용검사 확인증 교부일)부터 과세기준일(매년 6월 1일) 현재까지의 기간 동안 임대된 사실이 없고, 그 임대되지 않은 기간이 2년 이내인 주택

마. 리츠 · 펀드매입임대주택: 부동산투자회사 또는 부동산간접투자기구가 2008년 1월 1일부터 2008년 12월 31일까지 취득 또는 임대하는 매입임대주택

바. 미분양매입임대주택: 미분양주택으로서 2008년 6월 11일부터 2009년 6월 30일까지 최초로 분양계약을 체결하고 계약금을 납부한 주택

5. ⑤ 취득사유: 상속취득은 "상속"을, 합병 · 분할 · 조직변경으로 인한 취득은 "합병 등"을, 그 밖의 취득사유(매매, 증여 등을 포함합니다)는 "매매 등"을 각각 적습니다.
6. ⑥ 주택구분: 「건축법 시행령」 별표 1에 따른 단독주택(다가구주택은 제외합니다)은 "단독"을, 다가구주택은 "다가구"를, 아파트는 "아파트"를, 연립주택은 "연립"을, 다세대주택은 "다세대"를 각각 적습니다.
7. ⑦ 전용면적: 공동주택인 경우에는 공용면적을 제외한 면적을 적습니다.
8. ⑧ 공시가격: 기존임대주택의 경우는 2005년도 과세기준일(2005년 6월 1일) 현재의 공시가격을 적고, 그 밖의 것은 "⑧임대개시일등" 현재의 공시가격을 적습니다.
9. ⑨ 임대개시일 등

가. 건설임대주택, 미임대 민간건설임대주택: 사용승인 받은 날(사용검사 확인증 교부일)을 적습니다.

나. 기존임대주택: 임대사업자로서 2호 이상의 주택의 임대를 개시한 날(2호 이상의 주택의 임대를 개시한 날 이후 임대를 개시한 주택의 경우에는 그 주택의 임대를 개시한 날)을 적습니다.

다. 매입임대주택: 임대사업자로서 그 주택의 임대를 개시한 날을 적습니다.

라. 리츠 · 펀드매입임대주택, 미분양매입임대주택: 임대사업자로서 5호 이상의 주택의 임대를 개시한 날(5호 이상의 주택의 임대를 개시한 날 이후 임대를 개시한 주택의 경우에는 그 주택의 임대를 개시한 날)을 적습니다.

마. 합산배제 적용을 받고 있는 임대주택 중에서 재건축 · 재개발사업, 소규모주택정비사업 및 「주택법」에 따른 리모델링 사업이 이루어진 경우에는 재개발 · 재건축 등에 따른 사업완료 후 새로 취득한 주택(리모델링 사업의 경우에는 리모델링 완료 후의 주택)의 임대 개시(예정)일을 적습니다.

10. ⑩ 시 · 군 · 구 등록번호(등록일): 시 · 군 · 구에 주택임대사업자등록을 한 임대사업자등록번호와 괄호 안에 그 등록일을 적습니다.
11. ⑪ 세무서등록번호(등록일): 세무서에 사업자등록을 한 사업자등록번호와 괄호 안에 그 등록일을 적습니다.
12. ⑫ 성명 ~ ⑮ 임대보증금: 과세기준일(매년 6월 1일) 현재 임차인으로서 임대차계약서에 적힌 임차인의 성명(법인명 또는 단체명을 포함합니다)과 주민등록번호(사업자등록번호), 월세 및 임대보증금을 적습니다. 다만, 건설임대주택과 미임대 민간건설임대주택은 적지 않습니다.
13. ⑯ 합산배제 주택이 「주택법」 제63조의2에 따른 조정대상지역에 소재하는 경우 조정대상지역 공고일을 적습니다.
14. ⑰ 조정대상지역의 공고가 있은 날 이전에 장기일반민간임대주택을 취득한 날(매매계약을 체결하고 계약금을 지급한 날 포함)을 적습니다.

297㎜×210㎜[일반용지 60g/㎡(재활용품)]

[별지 제1호서식(2)] (2021. 3. 16. 개정)

임대주택 합산배제(변동)신고서(을)

(「종합부동산세법 시행령」 제3조제1항에 따른 주택)

20 년

번호	① 신고 구분	② 공공 구분	③ 소 재 지	임대구분 등				공시가격 등		등록사항		임차인				조정대상지역 (장기일반민간 임대주택 취득 등)	
				④ 임대 구분	⑤ 취득 사유	⑥ 주택 구분	⑦ 전용 면적	⑧ 공시 가격	⑨ 임대 개시일 등	⑩시군구 등록번호 (등록일)	⑪세무서 등록번호 (등록일)	⑫ 성명	⑬ 주민등록번호	⑭ 월세	⑮ 임대 보증금	⑯ 조정대상지 역공고일	⑰ 취득일자, 계약일자

※ 이 서식은 임대주택 합산배제(변동)신고서(갑)의 합산배제 (변동)신고 주택명세란이 부족한 경우에 사용합니다.

297㎜×210㎜[신문용지 54g/㎡(재활용품)]

[별지 제2호서식(1)] (2023. 9. 27. 개정)

(20 년도)사원용주택등 합산배제 (변동)신고서(갑)

(「종합부동산세법 시행령」 제4조제1항에 따른 주택)

(앞쪽)

1. 납세의무자

성 명 (법인명 또는 단체명)		주 민 등 록 번 호 (법인등 사업자등록번호)		주 소 (본점 소재지)	(☎:)

2. 합산배제 (변동)신고 주택명세

(㎡, 원)

번호	① 신고 구분	② 소재지	주택유형 등				사업계획승인일 등		등록사항		종업원(시행사)			
			③ 주택 유형	④ 전용 면적	⑤ 취득 일자	⑥ 허가 구분	⑦ 사업계획승인일 (건축허가일)	⑧ 사용승인일 (사용검사일)	⑨ 시·군·구 인가번호 (인가일)	⑩ 세무서 등록번호 (등록일)	⑪ 성명 (상호)	⑫ 주민등록번호 (사업자등록번호)	⑬ 월세	⑭ 임대 보증금
1														
2														
3														
4														
5														
6														
7														
8														

「종합부동산세법 시행령」 제4조제4항에 따라 위의 주택에 대하여 종합부동산세 과세표준 합산배제를 (변동)신고합니다.

년 월 일

신 고 인: (서명 또는 인)

세 무 대 리 인: (서명 또는 인)

세무서장 귀하

297mm×210mm[백상지 80g/㎡ 또는 중질지 80g/㎡]

(뒤쪽)

작성방법

1. 이 서식은 최초로 합산배제 신고를 하거나 이미 신고한 내용에 변동사항이 있는 경우에 작성하며, 공동으로 소유하는 주택의 경우에는 소유자별로 각각 합산배제 신고서를 작성합니다.
2. ① 신고구분: 최초로 합산배제 신고를 하거나 이미 신고한 합산배제 주택 외에 추가로 합산배제 신고할 주택이 있는 경우에는 "추가"로, 이미 합산배제 신고한 주택을 합산배제 대상에서 제외할 경우에는 "제외"로 적습니다.
3. ② 소재지: 「종합부동산세법 시행령」 제4조제4항에 따라 합산배제를 신고하려는 주택의 소재지를 적습니다.
4. ③ 주택유형: 기숙사는 "기숙사", 사원용주택은 "사원용", 미분양주택은 "미분양", 어린이집용주택은 "어린이집용", 대물변제주택은 "대물변제", 연구원주택은 "연구원", 등록문화재인 주택은 "문화재", 기업구조조정부동산투자회사등이 취득한 미분양주택은 "취득미분양", 기업구조조정부동산투자회사등과 매입약정으로 취득한 미분양주택은 "약정미분양", 신탁업자가 직접 취득하는 미분양주택은 "신탁업자 미분양", 노인복지주택은 "노인복지", 송·변전설비 매수청구취득주택은 "매수청구취득", 재매입권리부여 주택은 "재매입약정", 토지임대부 분양주택의 부속토지는 "토지임대부", 주택건설사업목적 멸실예정 주택은 "멸실예정", 공공임대주택의 부속토지는 "공공임대", 장기일반민간임대주택등의 부속토지는 "민간임대", 전통사찰보존지 내 주택의 부속토지는 "전통사찰"로 각각 적습니다.
 가. 기숙사: 「건축법 시행령」 별표 1에 따른 기숙사
 나. 사원용주택: 종업원에게 무상 또는 저가로 제공하는 사용자 소유의 주택으로서 국민주택규모 이하이거나 과세기준일 현재 공시가격이 6억원 이하인 주택
 다. 미분양주택: 「주택법」 제15조에 따른 사업계획승인 또는 「건축법」 제11조에 따른 건축허가를 받아 주택신축판매업자가 건축하여 소유하는 미분양 주택으로서 2005년 1월 1일 이후에 주택분 재산세의 납세의무가 최초로 성립하는 날부터 5년이 지나지 않은 주택
 라. 어린이집용주택: 과세기준일(매년 6월 1일) 현재 세대원이 「영유아보육법」 제13조제1항에 따라 시장·군수 또는 구청장의 인가를 받은 국공립 어린이집 외의 어린이집 또는 같은 법 제24조제2항에 따라 운영을 위탁받은 국공립어린이집으로서 세무서장으로부터 고유번호를 부여받은 후 5년 이상 계속하여 어린이집으로 운영하는 주택
 마. 대물변제주택: 시공사가 주택신축판매업자(시행사)로부터 주택의 공사대금으로 받은 미분양주택(해당 주택을 공사대금으로 받은 날 이후 해당 주택의 재산세 납세의무 성립일부터 5년 이내인 경우로 한정합니다)
 바. 연구원주택: 정부출연연구기관이 그 기관의 연구원에게 제공하는 주택
 사. 문화재주택: 「문화재보호법」에 따른 등록문화재인 주택
 아. 기업구조조정부동산투자회사등이 취득한 미분양주택
  1) 기업구조조정부동산투자회사등이 2010년 2월 11일까지 직접 취득(2010년 2월 11일까지 매매계약을 체결하고 계약금을 납부한 경우를 포함합니다)한 미분양주택
  2) 2010년 2월 11일 현재 미분양주택으로서, 2011년 4월 30일까지 직접 취득(2011년 4월 30일까지 매매계약을 체결하고 계약금을 납부한 경우를 포함합니다)한 주택
  3) 2014년 12월 31일까지 직접 취득(2014년 12월 31일까지 매매계약을 체결하고 계약금을 납부한 경우를 포함합니다)한 미분양주택
 자. 기업구조조정부동산투자회사등과 매입약정으로 취득한 미분양주택: 기업구조조정부동산투자회사등이 미분양주택을 취득할 당시 매입약정을 체결한 자가 그 약정에 따라 미분양주택을 취득하는 경우로서 취득일부터 3년이 지나지 아니한 주택
 차. 신탁업자가 직접 취득하는 미분양주택
  1) 시공자가 자산유동화 방법으로 조달한 금전을 신탁업자에게 신탁하고 신탁계약에 따른 신탁재산으로 신탁업자가 2010년 2월 11일까지 직접 취득(2010년 2월 11일까지 매매계약을 체결하고 계약금을 납부한 경우를 포함합니다)한 미분양주택
  2) 2010년 2월 11일 현재 미분양주택으로서, 2011년 4월 30일까지 직접 취득(2011년 4월 30일까지 매매계약을 체결하고 계약금을 납부한 경우를 포함합니다)한 주택
  3) 2012년 12월 31일까지 직접 취득(2012년 12월 31일까지 매매계약을 체결하고 계약금을 납부한 경우를 포함합니다)한 미분양주택
 카. 노인복지주택: 「노인복지법」 제32조제1항제3호에 따른 노인복지주택을 같은 법 제33조제2항에 따라 설치한 자가 소유한 해당 노인복지주택
 타. 송·변전설비 매수청구취득주택: 「송·변전설비 주변지역의 보상 및 지원에 관한 법률」 제5조에 따른 주택매수의 청구에 따라 사업자가 취득하여 보유하는 주택
 파. 재매입권리부여 주택: 「주택도시기금법」 제3조에 따른 주택도시기금과 「한국토지주택공사법」에 따라 설립된 한국토지주택공사가 공동으로 출자하여 설립한 부동산투자회사나 한국자산관리공사 설립 등에 관한 법률」에 따라 설립된 한국자산관리공사가 매입하는 주택으로서 매입 시점에 거주자[차주(借主)]가 직접 거주하고, 공시가격이 5억원 이하이며, 5년 이상 임대 후 거주자가 재매입할 수 있는 권리를 부여한 주택
 하. 토지임대부 분양주택의 부속토지: 「주택법」 제2조제9호에 따른 토지임대부 분양주택의 부속토지
 거. 주택건설사업 목적 멸실 예정 주택: 주택건설사업자 등이 주택건설사업을 위하여 멸실시킬 목적으로 취득하여 그 취득일부터 3년 이내에 멸실시키는 주택
 너. 공공임대주택의 부속토지: 「공공주택 특별법」 제2조제1호의2에 따른 공공건설임대주택 또는 같은 조 제1호의3에 따른 공공매입임대주택의 부속토지
 더. 장기일반민간임대주택등의 부속토지: 「민간임대주택에 관한 특별법」 제2조제4호에 따른 공공지원민간임대주택 또는 같은 조 제5호에 따른 장기일반민간임대주택의 부속토지로서 그 소유자가 공공주택사업자 등인 부속토지
 러. 전통사찰보존지 내 주택의 부속토지: 「전통사찰의 보존 및 지원에 관한 법률」 제2조제3호에 따른 전통사찰보존지 내 주택의 부속토지로서 그 연간 사용료가 해당 부속토지 공시가격의 1천분의 20 이하인 부속토지
5. ④ 전용면적: 주택유형이 "사원용"인 경우에만 적고, 공동주택인 경우에는 공용면적을 제외한 면적을 적습니다.
6. ⑤ 취득일자: 주택유형이 "멸실예정"인 경우에만 적고, 주택을 취득한 날짜를 적습니다.
7. ⑥ 허가구분: 주택유형이 "미분양"인 경우에만 적고, 「주택법」 제15조에 따른 사업계획승인을 받은 경우에는 "사업승인"으로, 「건축법」 제11조에 따른 건축허가를 받은 경우에는 "건축허가"로 각각 적습니다.
8. ⑦ 사업계획승인일(건축허가일): 주택유형이 "미분양"인 경우에만 적고, 「주택법」 제15조에 따른 주택건설사업계획의 승인일 또는 「건축법」 제11조에 따른 건축허가일을 적습니다.
9. ⑧ 사용승인일(사용검사일): 주택유형이 "미분양"과 "대물변제"인 경우에만 적고, 「주택법」 제49조에 따른 사용검사일 또는 「건축법」 제22조에 따른 사용승인일을 적습니다.
10. ⑨ 시·군·구 인가번호(인가일): 주택유형이 "어린이집용"인 경우에만 적고, 시장·군수·또는 구청장으로부터 발급받은 어린이집 인가증에 적인 인가번호와 인가일(괄호 안에 적습니다)을 적습니다.
11. ⑩ 세무서등록번호(등록일): 주택유형이 "미분양" 및 "멸실예정"인 경우에는 세무서에 등록한 사업자등록번호와 그 등록일(괄호 안에 적습니다)을, 주택유형이 "어린이집용"인 경우에는 세무서에서 부여받은 고유번호와 그 부여일(괄호 안에 적습니다)을 적습니다.
12. ⑪ 성명(상호), ⑫ 주민등록번호(사업자등록번호): 주택유형이 "기숙사"와 "사원용"인 경우, 종업원 중 1명의 성명과 주민등록번호를 적고, "대물변제"인 경우 미분양주택을 공사대금으로 지급한 시행사의 상호 및 사업자등록번호를 적습니다.
13. ⑬ 월세, ⑭ 임대보증금: 주택구분이 "사원용"인 경우에만 적고, 종업원이 과세기준일(매년 6월 1일) 현재 지급해야 할 월세(임대료)와 임대보증금을 적습니다(종업원이 2명 이상인 경우에는 그 합계액을 적습니다).

297mm×210mm[백상지 80g/㎡ 또는 중질지 80g/㎡]

[별지 제2호서식(2)] (2022. 3. 18. 개정)

20 년

사원용주택등 합산배제(변동)신고서(을)

(「종합부동산세법 시행령」 제4조제1항에 따른 주택)

번호	① 신고 구분	② 소재지	주택유형 등				사업계획승인일 등		등록사항		종업원(시행사)			
			③ 주택 유형	④ 전용 면적	⑤ 취득 일자	⑥ 허가 구분	⑦ 사업계획승인일 (건축허가일)	⑧ 사용승인일 (사용검사일)	⑨ 시·군·구 인가번호 (인가일)	⑩ 세무서 등록번호 (등록일)	⑪ 성명 (상호)	⑫ 주민등록번호 (사업자등록번호)	⑬ 월세	⑭ 임대 보증금

※ 이 서식은 사원용주택등 합산배제(변동)신고서(갑)의 합산배제 (변동)신고 주택명세란이 부족한 경우에 사용합니다.

297㎜×210㎜[신문용지 54g/㎡(재활용품)]

(3) 특례주택

[별지 제2호의2서식(1)] (2023. 3. 20. 개정)

1세대 1주택자 판단 시 주택 수 산정 제외 신청서(갑)

※ 뒤쪽의 작성방법을 읽고 작성해 주시기 바라며, [ ]에는 해당하는 곳에 √표를 합니다. (앞쪽)

1. 신청인			
① 성명		② 주민등록번호	
③ 주소		④ 전화번호	

2. 1세대 1주택 적용 대상 주택	
⑤ 소재지	

3. 신청대상 주택 현황 [ ]에는 해당하는 곳에 √표를 합니다.

⑥ 신청대상	⑦ 소재지	⑧ 공시가격	⑨ 취득일 (피상속인 사망일)	상속주택 현황			
				⑩ 피상속인(사망자)		⑪ 소유 지분	⑫ 소재지 구분
				성명	주민등록번호		
[ ] 대체취득 주택 [ ] 상속주택 [ ] 지방 저가주택							[ ] 수도권 [ ] 비수도권
[ ] 대체취득 주택 [ ] 상속주택 [ ] 지방 저가주택							[ ] 수도권 [ ] 비수도권

「종합부동산세법」 제8조제5항 및 같은 법 시행령 제4조의2제4항에 따라 위 대체취득 주택, 상속주택 또는 지방 저가주택을 1세대 1주택자 판단 시 주택 수 산정에서 제외해 주시기 바랍니다.

년 월 일

신 청 인: (서명 또는 인)

세 무 대 리 인: (서명 또는 인)

세무서장 귀하

담당 공무원 확인 사항	건물등기사항증명서, 건축물대장

297mm×210mm[백상지 80g/㎡ 또는 중질지 80g/㎡]

(뒤쪽)

작 성 방 법

1. ① 종합부동산세 납세의무자의 성명을 적습니다.
2. ② 종합부동산세 납세의무자의 주민등록번호를 적습니다.
3. ③ 종합부동산세 납세의무자의 주소를 적습니다.
4. ④ 종합부동산세 납세의무자의 전화번호를 적습니다.
5. ⑤ 신청대상 주택을 제외한 1세대 1주택 대상 주택의 소재지를 적습니다.
6. ⑥ "대체취득 주택"이란 1세대 1주택자가 보유하고 있는 주택(종전주택)을 양도하기 전에 다른 1주택(신규주택)을 취득(자기가 건설하여 취득하는 경우를 포함)하여 2주택이 된 경우로서 과세기준일 현재 신규주택을 취득한 날부터 3년이 경과하지 않은 경우의 신규주택을 말합니다.

   "상속주택"이란 상속을 원인으로 취득한 주택(「소득세법」 제88조제9호에 따른 조합원입주권 또는 같은 조 제10호에 따른 분양권을 상속받아 사업시행 완료 후 취득한 신축주택을 포함)으로서 과세기준일 현재 상속개시일부터 5년이 경과하지 않은 주택 또는 지분율이 40% 이하이거나 지분율에 상당하는 공시가격이 6억원(수도권 밖의 지역에 소재하는 주택의 경우에는 3억원) 이하인 주택을 말합니다.

   "지방 저가주택"이란 공시가격이 3억원 이하이면서 다음 각 목의 어느 하나에 해당하는 지역에 소재하는 주택을 말합니다.

   가. 수도권 밖의 지역 중 광역시 및 특별자치시가 아닌 지역

   나. 수도권 밖의 지역 중 광역시에 소속된 군

   다. 「세종특별자치시 설치 등에 관한 특별법」 제6조제3항에 따른 읍 · 면

   라. 경기도 연천군, 인천광역시 강화군 및 옹진군
7. ⑦ 신청대상 주택의 소재지를 적습니다.
8. ⑧ 신청대상 주택의 공시가격을 적습니다. 해당 주택의 일부 지분을 취득한 경우에는 그 지분율에 상당하는 공시가격을 적습니다.
9. ⑨ 신청대상 주택의 취득일을 적으며, 상속주택의 경우에는 피상속인 사망일을 적습니다.
10. ⑩ ~ ⑫ 신청대상 주택이 상속주택인 경우에만 적습니다.
11. ⑩ 피상속인(사망자)의 성명과 주민등록번호를 적습니다.
12. ⑪ 해당 상속주택에 대한 소유 지분율(해당 주택의 공시가격에서 ⑧ 공시가격란에 적은 공시가격이 차지하는 비율)을 적습니다.
13. ⑫ 수도권(서울특별시, 경기도 또는 인천광역시)에 소재하는 주택의 경우에는 "[ ] 수도권 "란에 √표를, 그 외 지역에 소재하는 주택의 경우에는 "[ ] 비수도권"란에 √표를 합니다.

297mm×210mm[백상지 80g/㎡ 또는 중질지 80g/㎡]

[별지 제2호의2서식(2)] (2022. 9. 23. 신설)

1세대 1주택자 판단 시 주택 수 산정 제외 신청서(을)

3. 신청대상 주택 현황 [ ]에는 해당하는 곳에 √표를 합니다.

⑥ 신청대상	⑦ 소재지	⑧ 공시가격	⑨ 취득일 (피상속인 사망일)	상속주택 현황 ⑩ 피상속인(사망자) 성명	⑩ 피상속인(사망자) 주민등록번호	⑪ 소유 지분	⑫ 소재지 구분
[ ] 대체취득 주택 [ ] 상속주택 [ ] 지방 저가주택							[ ] 수도권 [ ] 비수도권
[ ] 대체취득 주택 [ ] 상속주택 [ ] 지방 저가주택							[ ] 수도권 [ ] 비수도권
[ ] 대체취득 주택 [ ] 상속주택 [ ] 지방 저가주택							[ ] 수도권 [ ] 비수도권
[ ] 대체취득 주택 [ ] 상속주택 [ ] 지방 저가주택							[ ] 수도권 [ ] 비수도권
[ ] 대체취득주택 [ ] 상속주택 [ ] 지방 저가주택							[ ] 수도권 [ ] 비수도권
[ ] 대체취득 주택 [ ] 상속주택 [ ] 지방 저가주택							[ ] 수도권 [ ] 비수도권
[ ] 대체취득 주택 [ ] 상속주택 [ ] 지방 저가주택							[ ] 수도권 [ ] 비수도권

※ 이 서식은 1세대 1주택자 판단 시 주택 수 산정 제외 신청서(갑)의 3. 신청대상 주택 현황란이 부족한 경우에 사용합니다.

297mm×210mm[백상지 80g/㎡ 또는 중질지 80g/㎡]

[별지 제2호의3서식(1)] (2023. 3. 20. 개정)

세율 적용 시 주택 수 산정 제외 신청서(갑)

※ 뒤쪽의 작성방법을 읽고 작성해 주시기 바라며, [ ]에는 해당하는 곳에 √표를 합니다. (앞쪽)

1. 신청인

① 성명(법인 또는 단체명)		② 주민등록번호(사업자등록번호)	
③ 주소		④ 전화번호	

2. 신청대상 주택 현황 [ ]에는 해당하는 곳에 √표를 합니다.

⑤ 신청대상	⑥ 소재지	⑦ 공시가격	상속주택 현황				
			⑧ 피상속인(사망자)		⑨ 상속개시일(사망일)	⑩ 소유 지분	⑪ 소재지 구분
			성명	주민등록번호			
[ ] 상속주택 [ ] 무허가주택 부속토지							[ ] 수도권 [ ] 비수도권
[ ] 상속주택 [ ] 무허가주택 부속토지							[ ] 수도권 [ ] 비수도권
[ ] 상속주택 [ ] 무허가주택 부속토지							[ ] 수도권 [ ] 비수도권

「종합부동산세법」 제9조 및 같은 법 시행령 제4조의3제4항에 따라 위 상속주택 또는 무허가주택 부속토지를 주택분 종합부동산세 세율 적용 시 주택 수 산정에서 제외해 주시기 바랍니다.

년 월 일

신 청 인: (서명 또는 인)

세 무 대 리 인: (서명 또는 인)

세무서장 귀하

담당 공무원확인 사항	건물등기사항증명서, 건축물대장

297mm×210mm[백상지 80g/㎡ 또는 중질지 80g/㎡]

(뒤쪽)

작 성 방 법

1. ① 종합부동산세 납세의무자의 성명을 적습니다.
2. ② 종합부동산세 납세의무자의 주민등록번호를 적습니다. 법인 또는 단체인 경우에는 사업자등록번호 또는 고유번호를 적습니다.
3. ③ 종합부동산세 납세의무자의 주소를 적습니다.
4. ④ 종합부동산세 납세의무자의 전화번호를 적습니다.
5. ⑤ "상속주택"이란 상속을 원인으로 취득한 주택(「소득세법」 제88조제9호에 따른 조합원입주권 또는 같은 조 제10호에 따른 분양권을 상속받아 사업시행 완료 후 취득한 신축주택을 포함)으로서 과세기준일 현재 상속개시일부터 5년이 경과하지 않은 주택 또는 지분율이 40% 이하이거나 지분율에 상당하는 공시가격이 6억원(수도권 밖의 지역에 소재하는 주택의 경우에는 3억원) 이하인 주택을 말합니다.
   "무허가주택 부속토지"란 토지의 소유권 또는 지상권 등 토지를 사용할 수 있는 권원이 없는 자가 「건축법」등 관계 법령에 따른 허가 등을 받지 않거나 신고를 하지 않고 건축하여 사용 중인 주택(주택을 건축한 자와 사용 중인 자가 다른 주택을 포함)의 부속토지를 말합니다.
6. ⑥ 신청대상 주택의 소재지를 적습니다.
7. ⑦ 신청대상 주택의 공시가격을 적습니다. 해당 주택의 일부 지분을 취득한 경우에는 그 지분율에 상당하는 공시가격을 적습니다.
8. ⑧ ~ ⑪ 신청대상 주택이 상속주택인 경우에만 적습니다.
9. ⑧ 피상속인(사망자)의 성명과 주민등록번호를 적습니다.
10. ⑨ 피상속인이 사망한 날을 적습니다.
11. ⑩ 해당 상속주택에 대한 소유 지분율(해당 주택의 공시가격에서 ⑦ 공시가격란에 적은 공시가격이 차지하는 비율)을 적습니다.
12. ⑪ 수도권(서울특별시, 경기도 또는 인천광역시)에 소재하는 주택의 경우에는 "[ ] 수도권 "란에 √표를, 그 외 지역에 소재하는 주택의 경우에는 "[ ] 비수도권"란에 √표를 합니다.

297mm×210mm[백상지 80g/㎡ 또는 중질지 80g/㎡]

[별지 제2호의3서식(2)] (2022. 9. 23. 개정)

세율 적용 시 주택 수 산정 제외 신청서(을)

⑤ 신청대상	⑥ 소재지	⑦ 공시가격	상속주택 현황				
			⑧ 피상속인(사망자)		⑨ 상속개시일(사망일)	⑩ 소유 지분	⑪ 소재지 구분
			성명	주민등록번호			
[ ] 상속주택 [ ] 무허가주택 부속토지							[ ] 수도권 [ ] 비수도권
[ ] 상속주택 [ ] 무허가주택 부속토지							[ ] 수도권 [ ] 비수도권
[ ] 상속주택 [ ] 무허가주택 부속토지							[ ] 수도권 [ ] 비수도권
[ ] 상속주택 [ ] 무허가주택 부속토지							[ ] 수도권 [ ] 비수도권
[ ] 상속주택 [ ] 무허가주택 부속토지							[ ] 수도권 [ ] 비수도권
[ ] 상속주택 [ ] 무허가주택 부속토지							[ ] 수도권 [ ] 비수도권
[ ] 상속주택 [ ] 무허가주택 부속토지							[ ] 수도권 [ ] 비수도권

※ 이 서식은 세율 적용 시 주택 수 산정 제외 신청서(갑)의 2. 신청대상 주택 현황란이 부족한 경우에 사용합니다.

297mm×210mm[백상지 80g/㎡ 또는 중질지 80g/㎡]

(4) 공익법인 등 특례적용 법인

[별지 제2호의4서식] (2023. 9. 27. 개정)

법인 주택분 종합부동산세 일반 누진세율 적용 신고서

※ 뒤쪽의 작성방법을 읽고 작성해 주시기 바라며, [ ]에는 해당되는 곳에 √표를 합니다. (앞쪽)

1. 신고법인

① 법인명	② 사업자등록번호(고유번호)
③ 소재지	④ 전화번호

2. 일반 누진세율 적용 법인 구분(해당되는 곳에 √표 기재)

[ ] ⑤ 법 제9조제2항제1호에 해당하는 공익법인등

[ ] ⑥ 법 제9조제2항제2호에 해당하는 공익법인등

[ ] ⑦ 「공공주택 특별법」 제4조제1항 각 호에 따른 공공주택사업자

[ ] ⑧ 「주택법」 제2조제11호에 따른 주택조합

[ ] ⑨ 「도시 및 주거환경정비법」 제24조부터 제28조까지 및 「빈집 및 소규모주택 정비에 관한 특례법」 제17조부터 제19조까지의 규정에 따른 사업시행자

[ ] ⑩ 「민간임대주택에 관한 특별법」 제2조제2호의 민간건설임대주택을 2호 이상 보유하고 있는 임대사업자

[ ] ⑪ 「도시개발법」 또는 「도시재정비 촉진을 위한 특별법」에 따라 임대주택 건설·공급 의무가 있는 사업시행자

[ ] ⑫ 「사회적기업 육성법」에 따른 사회적기업 또는 「협동조합 기본법」에 따른 사회적협동조합

[ ] ⑬ 종중(宗中)

3. 일반 누진세율 적용 법인 세부 구분(해당되는 곳에 √표 기재, 고시일자 기재, 호수 기재)

⑭ 공익법인등 (⑤ 또는 ⑥ 선택 시)	[ ] ㉮ 종교의 보급 기타 교화에 현저히 기여하는 사업 [ ] ㉯ 학교 · 유치원 등 교육사업 [ ] ㉰ 사회복지법인이 운영하는 사업 [ ] ㉱ 의료법인이 운영하는 사업 [ ] ㉲ 기부금으로 운영하는 사업 등
⑮ 공공주택사업자 (⑦ 선택 시)	[ ] ㉮ 국가, 지방자치단체, 지방공사, 공공기관 [ ] ㉯ ㉮에 해당하는 자가 출자한 법인 [ ] ㉰ 주택도시기금 또는 ㉮에 해당하는 자가 출자한 부동산투자회사
⑯ 주택조합 (⑧ 선택 시)	[ ] ㉮ 지역주택조합 [ ] ㉯ 직장주택조합 [ ] ㉰ 리모델링주택조합
	㉱ 사업계획승인 고시일 또는 리모델링 허가일(년 월 일)
⑰ 정비사업시행자 (⑨ 선택 시)	[ ] ㉮ 「도시 및 주거환경정비법」에 따른 사업시행자 [ ] ㉯ 「빈집 및 소규모주택 정비에 관한 특례법」에 따른 사업시행자
	㉰ 사업계획승인 고시일(년 월 일)
⑱ 민간건설임대주택 임대사업자 (⑩ 선택 시)	[ ] ㉮ 임대사업자가 임대를 목적으로 건설하여 임대하는 주택 [ ] ㉯ 주택건설사업자가 건설한 주택 중 분양되지 않아 임대하는 주택
	㉰ 임대주택 호수( )
⑲ 도시개발사업시행자 (⑪ 선택 시)	[ ] ㉮ 「도시개발법」 제21조의3제1항에 따른 사업시행자 [ ] ㉯ 「도시재정비 촉진을 위한 특별법」 제30조제4항 또는 제31조에 따른 사업시행자
	㉰ 사업계획승인 고시일(년 월 일)
⑳ 사회적기업 등 (⑫ 선택 시)	[ ] ㉮ 정관 또는 규약상의 설립목적이 사회적기업 또는 사회적협동조합 구성원의 주택 공동 사용인 경우 [ ] ㉮ 정관 또는 규약상의 설립목적이 「사회적기업 육성법」에 따른 취약계층이나 「주거기본법」 제3조제2호에 따른 주거지원이 필요한 계층에 대한 주거지원인 경우

「종합부동산세법」 제9조 및 같은 법 시행령 제4조의4에 따라 위와 같이 법인 주택분 종합부동산세 일반 누진세율 적용을 신고합니다.

년 월 일

신고인(법인) (인)

신고인(대표자) (서명 또는 인)

세무대리인 (서명 또는 인)

세무서장 귀하

210mm×297mm[백상지 80g/㎡ 또는 중질지 80g/㎡]

신고인 제출 서류	1. ⑤에 해당하는 경우: 「상속세 및 증여세법」 제16조에 따른 공익법인등임을 확인할 수 있는 서류 및 직접 공익목적사업에 사용하는 주택만을 보유하고 있음을 확인할 수 있는 서류 2. ⑥에 해당하는 경우: 「상속세 및 증여세법」 제16조에 따른 공익법인등임을 확인할 수 있는 서류 3. ⑦에 해당하는 경우: 「공공주택 특별법 시행규칙」 제10조제5항에 따른 사업계획승인서 사본 4. ⑧에 해당하는 경우: 「주택법」 제2조제11호의 주택조합임을 확인할 수 있는 서류 5. ⑨에 해당하는 경우: 「도시 및 주거환경정비법」 제24조부터 제28조까지의 규정 또는 「빈집 및 소규모주택 정비에 관한 특례법」 제17조부터 제19조까지의 규정에 따른 사업시행자임을 확인할 수 있는 서류 6. ⑩에 해당하는 경우: 「민간임대주택에 관한 특별법 시행규칙」 제2조제4항에 따른 임대사업자 등록증 사본 7. ⑪에 해당하는 경우: 「도시개발법」 제21조의3제1항에 따라 임대주택을 건설·공급해야 하는 사업시행자나 「도시재정비 촉진을 위한 특별법」 제30조제4항 또는 제31조에 따라 임대주택을 건설·공급해야 하는 사업시행자임을 확인할 수 있는 서류 8. ⑫에 해당하는 경우: 「사회적기업 육성법 시행규칙」 제10조 또는 제11조에 따라 발급받거나 재발급받은 사회적기업 인증서 또는 「협동조합 기본법 시행규칙」 제14조에 따른 사회적협동조합 설립인가증 사본 및 정관 또는 규약 사본 9. ⑬에 해당하는 경우: 「법인 아닌 사단·재단 및 외국인의 부동산등기용 등록번호 부여절차에 관한 규정 시행규칙」 제6조에 따른 종중 부동산등기용 등록번호 등록증명서 사본	수수료 없음
담당 공무원 확인 사항	법인등기사항증명서, 건물등기사항증명서 및 건축물대장	

작성방법

1. ① ~ ④ 신고법인: 주택보유 법인으로서 일반 누진세율을 적용할 법인에 관한 사항을 적습니다.
   ② 세무서에서 부여한 사업자등록번호 또는 고유번호를 적습니다.
2. ⑤ ~ ⑬ 일반 누진세율 적용 법인 구분: 법인의 유형 중 해당하는 [ ]에 √ 표시를 합니다.
3. ⑭ ~ ⑳ 일반 누진세율 적용 법인 세부 구분: 일반 누진세율이 적용되는 법인의 세부사항에 대해서 작성하며, 해당하는 [ ]에 √ 표시를 합니다.

⑭ "법 제9조제2항제1호에 해당하는 공익법인등"이란 「상속세 및 증여세법」 제16조제1항에 따라 같은 법 시행령 제12조에서 정하는 사업을 하는 자로서 직접 공익목적사업에 사용하는 주택만을 보유한 자를 말하고, "법 제9조제2항제2호에 해당하는 공익법인등"이란 「상속세 및 증여세법」 제16조제1항에 따라 같은 법 시행령 제12조에서 정하는 사업을 하는 자를 말합니다.

⑮ "공공주택사업자"란 「공공주택 특별법」 제4조제1항 각 호에 따른 공공주택사업자를 말하며, ㉮ ~ ㉰ 중 해당하는 [ ]에 √ 표시를 합니다.

㉮ 「공공주택 특별법」 제4조제1항제1호부터 제4호까지의 규정에 따른 자: 국가 또는 지방자치단체, 「한국토지주택공사법」에 따른 한국토지주택공사, 「지방공기업법」 제49조에 따라 주택사업을 목적으로 설립된 지방공사, 「공공주택 특별법 시행령」 제6조제1항 각 호에 해당하는 공공기관

㉯ 「공공주택 특별법」 제4조제1항제5호에 따른 자: ㉮의 어느 하나에 해당하는 자가 총지분의 100분의 50을 초과하여 출자·설립한 법인

㉰ 「공공주택 특별법」 제4조제1항제6호에 따른 자: 주택도시기금 또는 ㉮의 어느 하나에 해당하는 자가 총지분의 전부(노후 공공주택 복합사업의 경우에는 100분의 50 초과)를 출자(공동으로 출자한 경우 포함)하여 「부동산투자회사법」에 따라 설립한 부동산투자회사

⑯ "주택조합"이란 「주택법」 제2조제11호에 따른 주택조합을 말합니다.

㉱ 해당 주택의 사업계획승인 고시일 또는 리모델링 허가일을 적습니다.

⑰ "정비사업시행자"란 「도시 및 주거환경정비법」 제24조부터 제28조까지의 규정 또는 「빈집 및 소규모주택 정비에 관한 특례법」 제17조부터 제19조까지의 규정에 따른 사업시행자를 말합니다.

㉲ 해당 사업의 사업계획승인 고시일을 적고, 고시일이 여러 개인 경우 대표 고시일을 적습니다.

⑱ "민간건설임대주택 임대사업자"란 「민간임대주택에 관한 특별법」 제2조제2호에 따른 민간건설임대주택을 2호 이상 보유하고 있는 임대사업자를 말합니다.

㉳ 임대하고 있는 임대주택 호수를 적습니다.

※ 민간건설임대주택과 매입임대주택을 함께 임대하는 사업자는 일반 누진세율 특례 적용 신고 대상이 아닙니다.

⑲ "도시개발사업시행자"란 「도시개발법」 제21조의3제1항에 따라 임대주택을 건설·공급해야 하는 사업시행자나 「도시재정비 촉진을 위한 특별법」 제30조제4항 또는 제31조에 따라 임대주택을 건설·공급해야 하는 사업시행자로서 「민간임대주택에 관한 특별법」 제2조제2호의 민간건설임대주택 2호 이상과 「종합부동산세법 시행령」 제4조의4제1항제5호의2 각 목의 주택만을 보유한 자를 말합니다.

⑳ "사회적기업 등"이란 「사회적기업 육성법」에 따른 사회적기업 또는 「협동조합 기본법」에 따른 사회적협동조합을 말합니다.

210mm×297mm[백상지 80g/㎡ 또는 중질지 80g/㎡]

신동영 세무사

고려대학교를 졸업하고, 현재 세무법인 더봄 홍대점에 재직 중이다.
종합부동산세/양도세/증여세/상속세와 같은 국세뿐만 아니라 취득세/재산세와 같은 지방세까지 아우른 절세 컨설팅 경험이 풍부하다.
투자의 중요성이 점점 커지는 요즈음, 적극적인 투자행위에 따른 세금뿐만 아니라 단순 보유에 따른 세금까지 고려해 움직여야 한다고 생각한다.

이상민 세무사

충남대학교 경영학부를 졸업하고, 현재 회계법인 창천에 재직 중이다.
경정청구 및 컨설팅 등 다양한 업무경험이 있으며, 오로지 납세자 입장에서 세금을 최소화 할 수 있는 방법을 항상 고민한다.
종합부동산세도 마찬가지로 조금만 더 고민을 하면 절세할 수 있는 부분들이 많기 때문에 이 책이 납세자들에게 많은 도움을 줄 수 있으리라 기대한다.